“大运河人物故事”丛书

丛书主编 张廷皓

借助大运河理财第一人

刘晏

宋桂杰 著

南京出版传媒集团 南京出版社

图书在版编目（CIP）数据

借助大运河理财第一人——刘晏 / 宋桂杰著. -- 南京 : 南京出版社, 2022.1
（“大运河人物故事”丛书）
ISBN 978-7-5533-3367-0

Ⅰ. ①借… Ⅱ. ①宋… Ⅲ. ①刘晏（715-780）- 生平事迹 Ⅳ. ①K825.31

中国版本图书馆CIP数据核字（2021）第160466号

丛 书 名 大运河人物故事
丛书主编 张廷皓
书　　名 借助大运河理财第一人——刘晏
作　　者 宋桂杰
出版发行 南京出版传媒集团
南 京 出 版 社
社址：南京市太平门街53号　　邮编：210016
网址：http://www.njcbs.cn　　电子信箱：njcbs1988@163.com
联系电话：025-83283893、83283864（营销）　025-83112257（编务）

出 版 人 项晓宁
出 品 人 卢海鸣
责任编辑 徐　智
装帧设计 王　俊　张　淼
责任印制 杨福彬

制　　版 南京新华丰制版有限公司
印　　刷 江苏扬中印刷有限公司
开　　本 787毫米×1092毫米　1/32
印　　张 4
字　　数 61千
版　　次 2022年1月第1版
印　　次 2022年1月第1次印刷
书　　号 ISBN 978-7-5533-3367-0
定　　价 15.00元

用微信或京东
APP扫码购书

用淘宝APP
扫码购书

总 序

大运河是中国人民的伟大创造。这条始建于公元前486年的人工水道，作为中国历史上贯穿南北的大动脉，集漕粮运输、商旅交通、军资调配、水利灌溉等功能于一身，不但加强了全国各地区间的政治、经济联系和文化交流，维护了多民族大一统国家的稳定和发展，而且使北方的丝绸之路和南方的海上丝绸之路在古老大陆的东方形成了闭环，因而具有世界意义。时至今日，大运河沿岸遍布城镇、码头、仓库、船闸、桥梁、堤坝等各类遗存，构成了中国乃至世界范围内罕见的线性文化带，并成功地在2014年6月22日第38届世界遗产大会上入选《世界遗产名录》。2017年6月，习近平总书记对建设大运河文化带作出重要指示，指出“大运河是祖先留给我们的宝贵遗产，是流动的文化，要统筹保护好、传承好、利用好”。2019年2月，中共中央办公厅、国务院办公厅联合印发《大运河文化保护传承利用规划纲要》，就进一步保护好、传承好、利用好大运河沿线的丰富文化遗产提出了明确要求。

回顾大运河萌芽、发展和演变的过程，诸如国家政策、政治形势、军事需要、地理环境等，虽然也都会对其历史变迁产生一定程度的影响，但从根本上来看，“人”的作用往往显得更为重要。千百年来，大运河的规划者、开凿者、建设者、管理者、治理者，以及其他与大运河有关的各类人物，凭借着不拘一格的思考方式、与时俱进的思维理念、突破常规的制度创新、因地制宜的技术方法革新，比较圆满地解决了大运河形成过程中所遇到的自然、运输和管理等一系列问题，实现了大运河从地区性到整体性、临时性到制度性、零散性到系统性的质变。这些大运河历史上涌现出的杰出人物，作为创造、改变和塑造大运河的主体和关键，其思想观念中闪烁着的智慧光芒，和一言一行中表现出的担当作为，不仅是大运河历史上无比珍贵的宝藏，同时也是彰显和传播中华民族灿烂文明的重要文化遗产，值得我们进一步挖掘和弘扬。

与蔚为大观的河道变迁、漕运制度、城镇商业、文化风俗等成果相比，有关大运河人物的研究相对薄弱。为了展现大运河深厚而丰富的文化内涵，传承和弘扬中华优秀传统文化，南京出版传媒集团（南京出版社）决定推出一套“大运河人物故事”丛书。这套面向广大青少年读者的普及性读物，精选历代与大运河有关的著名人物，时间上从春秋战国直至民国时期，空间上则覆盖隋唐大运河、京杭大运河和浙东运河。每册均邀请学有专长的作者撰写，力图在准确把握史实的基础上，用生动活泼的语言文字，引人入胜的故事情节，丰富多彩的知识拓展，刻画每一位大运河人物的主要经历，涉及凿河规划、水利建设、漕运管理、治运思想与实践、研究著述以及后世影响等，在折射大运河变迁轨迹的同时，充分展现出这些人物与大运河的密切关系，以及对大运河的变迁所发挥的作用。

青少年是国家的未来和民族的希望，肩负着实现中华民族伟大复兴、建设社会主义现代化强国的历史重任。近年来，南京出版传媒集团（南京出版社）先后推出了“抵御外侮——中华英豪传奇”“抗战十四年·中华儿女传奇”等多套青少年读物，在培养青少年爱国主义精神、培育和践行社会主义核心价值观等方面，起到了十分积极的作用。衷心希望“大运河人物故事”丛书能成为广大青少年认识和了解大运河历史文化的良师益友，在深化他们对大运河文化内涵认知的同时，展现中华民族的聪明才智和中华文明的灿烂辉煌，为他们的健康成长树立文化自信，使之成为将来建设国家的栋梁之材。

（作者系中国文物学会大运河专业委员会主任委员、中国文化遗产研究院原院长）

目　录

第三章　整顿漕运修运河

第四章　改革盐政稳民心

第五章　为国理财谋中兴

第六章　一代财相留美名

引　言

刘晏（716—780），字士安。曹州南华（今山东东明县）人，唐代著名经济改革家、理财家，他实施改革漕运和常平法等财政措施,为唐代经济发展做出重要贡献。《三字经》有“唐刘晏，方七岁。举神童，作正字”的评价。刘晏幼年时期，就显示出横溢的才华，被称为神童，名噪京师。刘晏历任吏部尚书、同中书门下平章事、度支使、铸钱使和盐铁使等官职，被封彭城县开国伯。他既是廉吏，又是能吏。安史之乱后，唐朝的经济处于崩溃边缘，刘晏受命，走上了主管唐朝廷财政经济的岗位，他实施了一系列财政改革措施：恢复漕运、改革盐政、重启常平法，为安史之乱后的唐朝经济发展做出了重要贡献，在历史上产生了极其深远的影响。史学家将他与春秋时的管仲、战国时的商鞅、西汉的桑弘羊、宋朝的王安石、明朝的张居正并称为“中国古代六大经济改革家”。刘晏经济改革的措施主要表现在三个方面。

一是改革漕运。刘晏将漕运由过去的民运改为官运，实行水路直达运输，而且将漕运全程重新分为四段，采用分段接运的办法,降低了漕运成本。刘晏还发明了“囊米法”,全面推行袋装运输。对造船工匠和漕运船工由无偿的徭役制改为有偿的雇佣制，按劳动量给付工钱，这调动了劳动者的积极性，提高了造船和漕运的效率。同时，设计了适应江、淮、河、汴各条河流不同水文状况的漕船，既经久耐用，又能保证行船安全。他又将漕船编成人多势众的队伍，十船为纲，每纲300人，篙工50人，同时派军队护送，这样保护了漕运的沿途安全。

二是改革榷盐法。刘晏对第五琦推行的榷盐法进行了改革。一是改民制官收官运官销的完全专卖制为民制官收商运商销的就场专卖制。刘晏采取商业经营的方式是既重视官商的作用，又适当利用私商的力量，通过私主官辅两条渠道，来给食盐的流通注入活力。既利用商人有利于商业流通的积极作用，又限制其可能发生的消极作用。这种抑商和重商相结合的政策比第五琦的一味强调官营的政策要进步得多。刘晏用“官商双赢”的制度取代了“官方独赢”的制度，较好地适应了民间商业发展的趋势，调动了商人贩盐的积极性，保证了流通渠道的畅通，使得食盐供销活力旺盛；此外，这种制度适应了食盐销售细碎化的特点，使得官营盐业的利税倍增。这种“官商双赢”的食盐销售基本原则一直为后代封建政府的榷盐制度所传承。

三是改革常平法。为了充分发挥常平的赢利效能，他对常平法作了两点改进。一是派专门官员专理各州常平仓，由中央统一指挥，这就减少了常平业务的中间环节，加快了常平商品的周转速度，加上市场情报及时掌握，大大增加了常平之利。二是扩大常平品种。从传统的粟、豆之类的粮食品种常平项目，扩大为“万货”，丰年以稳定的价格收存粮食，到灾年缺粮时，则开仓平价售粮，从而更好地发挥了常平赢利的作用。

刘晏是继管仲、商鞅、桑弘羊后，中国历史上又一位当之无愧的理财家、改革家，又是对运河管理做出杰出贡献的古代能臣，堪称以运理财的第一人。

第一章　神童七岁身已仕

宋代王应麟在他创作的《三字经》里写道：“唐刘晏，方七岁，举神童，作正字，彼虽幼，身已仕。尔幼学，勉而致，有为者，亦若是。”这位7岁神童是古代青年才俊学习的榜样，也就是日后成为著名改革家、在以运河理财方面取得杰出成就的大唐财相刘晏。

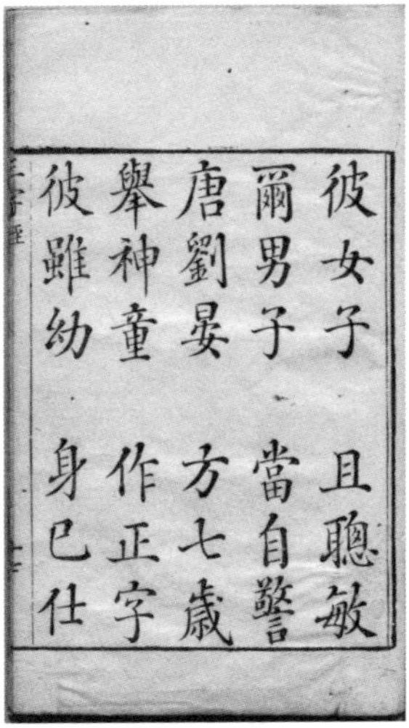
彼女子　且聰敏
爾男子　當自警
唐劉晏　方七歲
舉神童　作正字
彼雖幼　身已仕

《三字经》书影

小贴士：《三字经》

《三字经》是我国古代蒙学中最有代表性的一种教材，流行的时间之长、范围之广，在某种意义上说，它成了我国传统蒙学的代称。在格式上，三字一句朗朗上口，其文通俗、顺口、易记等特点，使其与《百家姓》《千字文》《千家诗》并称“三、百、千”。《三字经》取材典范，包括中国传统文化的文学、历史、哲学、天文地理、人伦义理、忠孝节义等等，而核心思想又包括了“仁、义、诚、敬、孝”。以高度简洁的文字浓缩了中国历史上朝代的沿革，以和谐优美的韵律展示了中国的历史变迁，有便于儿童的记忆等众多优点，是蒙学历史读物中的凤毛麟角。全书包含的中国历史文献、沿革、人物等，是中华民族珍贵的文化遗产，但难免含有一些精神糟粕、艺术瑕疵，尽管如此，其独特的思想价值和文化魅力仍然为世人所公认，被历代中国人奉为经典并不断流传。

七岁献颂悦龙颜

刘晏出生于唐代开元年间广济渠（即隋代的通济渠）畔的山东曹州（今菏泽市）一个普通的官僚地主家

庭。父亲刘知晦是一位县丞，兄弟3人，他排行第三。刘晏从小天资聪颖，父母对他学习上的要求也很严，他经过刻苦用功地练字、读书，很小就写得一手好字，善写诗歌、文赋，且知书达理，在乡里被大家誉为神童。

刘晏童年时正值盛唐，开元年间又是唐朝最繁盛的时期之一，经过一段时间的励精图治，唐王朝是海晏河清、社会安定、市场繁荣，一片歌舞升平，出现了“开元之治”的盛景。杜甫在诗中写道：“忆昔开元全盛日，小邑犹藏万家室。”唐朝在各方面都达到了极高的水平，国力空前强盛，社会经济空前繁荣，人口大幅度增长，天宝年间唐朝人口达到8000万。商业十分发达，国内交通四通八达，城市繁华，对外贸易空前活跃，波斯、大食商人纷至

西安大明宫遗址的唐玄宗上朝图

小贴士：开元盛世

713年，唐玄宗改元“开元”。唐玄宗即位之初，励精图治，先后任用姚崇、宋璟为相，整顿弊政，使社会政治经济得到发展，创造了史称“开元之治”的盛世。经济上，唐玄宗制订改革措施，打击豪门士族，改革财政制度，增加政府财政收入，减轻人民负担；打击佛教势力，大力发展农业。军事上，唐玄宗对兵制进行改革，在边境地区大力发展屯田，扩张疆域，唐朝在东北设置了鞣鞨都督府、室韦都督府、黑水都督府、渤海都督府等，在中国历史上首次将东北三省全境纳入中国版图。文化上，提倡文教，重道抑佛，人才辈出。唐玄宗还改善民族关系，对于社会经济发展起了很大的促进作用。

沓来，长安、洛阳、扬州等大都市里各种肤色、不同语言的商贾云集。经过君臣的励精图治，唐朝国力达到鼎盛，形成了“三年一上计，万国趋河洛”的盛世局面。

开元十三年（725）十一月，唐玄宗在刀光剑影中相继诛灭了韦后、太平公主，恢复了贞观之风，踌躇满志的唐玄宗李隆基为了夸耀自己的功德，率领文武百官，皇亲国戚随从，从东都洛阳出发，前往泰山封禅。皇帝带着文武大臣组成的浩浩荡荡的封禅队伍一路来到兖州（今山东济宁兖州区）行宫。当时年仅9岁的神童刘晏，听说皇帝来泰山封禅了，于是写了一篇《东封颂》，送到皇帝行宫外，请侍卫呈送给皇帝。唐玄宗听侍卫报告

小贴士：封禅

封禅是指中国古代帝王在太平盛世或天降祥瑞之时祭祀天地的大型典礼，封为“祭天”，禅为“祭地”，一般由帝王亲自到泰山上举行。又称封祀、封峦、封岳。远古暨夏商周三代，已有封禅的传说，最早出现于《管子·封禅篇》，秦汉时特重此礼。唐代张守节解释《史记》时曾对封禅进行了释义，并指出了封禅的目的，大意是说，在泰山顶上设圆坛以报天之功，在泰山脚下的小丘之上筑方坛以报地之功，而且还要在山上刻石篆德，以示无量功德。即《史记·封禅书》中的“登封报天，降禅除地”。战国时齐鲁有些儒士认为五岳中泰山为最高，帝王应到泰山祭祀。秦始皇、汉武帝等都曾举行过封禅大典。武则天时曾到嵩山封禅，因此嵩山所在的县叫登封县（今登封市）。

玄宗封禅图

有一个小孩子献颂，十分好奇。于是连忙打开来看，一笔行云流水的字，使他眼睛一亮，情不自禁地说了声“好字”。再一看文章写的是文从字顺，文采飞扬，而内容是歌颂当今皇上治国有方，天下太平，国泰民安，天下百姓安居乐业的赞美之词，不由龙颜大悦。玄宗对刘晏这么小就擅长写文章感到惊奇，但他不相信这样老练的文章竟然出自一个孩童之手，于是将《东封颂》递给一旁的宰相张说（yuè），让他来试试这个孩子的才气。

张说可不是一般的等闲之辈，他在武则天年间参加制科考试，策论为天下第一。因此他不仅是当朝宰相，而且是唐代的文坛泰斗，名盛一时的当代大文豪。让他来考刘晏就真是大材小用了。他得到皇上的旨意，赶紧让侍卫宣献颂的小孩上堂。随着一声传呼，一个八九岁的小孩从容走上堂来，在堂前落落大方地跪下。张说问道：“来者何人？站起来说话。”孩童一点都不怯场，站起来回答道：“小儿刘晏。”张说问：“何方人士？”刘晏答道：“小儿曹州南华人氏。”“为何要向皇上献《东封颂》？”张说又问。

刘晏信心满满地回答：“小儿久居乡里，常听父老乡亲们谈论，称颂当今皇上治国有道，治政有方，天下大同，百姓安居乐业。我听说皇上要来泰山封禅，特地写了这篇《东封颂》，以表示对皇上的赞颂之意。”说罢，像大人一样地重新跪下对玄宗皇帝行三叩九拜之礼，然后说道：“皇上，小儿刘晏代表兖州百姓，谢皇上皇恩浩荡，祝皇上万寿无疆！”

玄宗皇帝一听刘晏的这一番对答，连连称赞。客观地说，当时只有九岁的刘晏献颂这件事肯定有家里大人在幕后导演，但随后的殿上考试就完全凭他自己的才华了。

御前应对战张说

见到小小的孩子对答如流、出口成章。皇帝感到这个小孩不简单，于是示意张说继续考考他。

张说考虑到刘晏年龄小，不能像对待大人一样出题，于是问道："刘晏，经史子集你可熟悉？"

"在家严的督导下，读的就是经史子集。"刘晏回答得既有礼貌，也很严密。

张说于是说："四书五经的佳句颇多，我们做个续句游戏如何？我出上句，你续下句。"

"好啊。"

张说出了上句："君子成人之美，不成人之恶。"

"小人反是。"刘晏立即续上。

"吾十有五而志于学，三十而立。"

刘晏回答："四十而不惑，五十而知天命，六十而耳顺，七十而从心所欲，不逾矩。"

张说继续问："乐民之乐者，民亦乐其乐；忧民之忧者，民亦忧其忧。"

"乐以天下，忧以天下，然而不王者，未之有也。"

"天将降大任于是人也"张说见刘晏对答如流，于是出了一个较难一点的。

“必先苦其心志，劳其筋骨，饿其体肤，空乏其身，行拂乱其所为，所以动心忍性，曾益其所不能。”刘晏回答得滴水不漏。

张说见续句难不倒他，于是说：“孺子可教，善对否？”

刘晏回答：“不善对，但能凑合。”

张说略做思考就出了上联：“天子朝堂会群臣。”

刘晏应声答道：“小儿行宫献文章。”对仗十分工整，而且还很应景。

听到这里，一旁的唐玄宗很感兴趣，于是向张说招招手，张说来到皇帝身边，玄宗对他耳语片刻。张说回座后说：“泰山封禅祈上苍风调雨顺。”这个对联有一定的难度。

刘晏想了想，回答道：“我对一个试试：玉帝降旨赐华夏国泰民安。”这个下联不仅对得工整，而且意境高远。满堂朝臣一片叫好。张说于是大声道：“文房四宝伺候。”立即有人送上笔墨纸砚。张说对刘晏说：“请将刚才的第二联写出来。”这是要当场考刘晏的书法。刘晏一点不怯场，不慌不忙地走上前去，提笔在手，饱蘸浓墨，运笔如飞。

在满朝文武的观看下，只见宣纸上的字，个个是光润圆熟，暗藏笔锋，满朝文武都赞颂不已。张说更是情不自禁拉着刘晏的手对玄宗说："恭喜陛下。太平盛世，出此神童，此乃国家之祥瑞也。"满朝文武皆点头赞许。玄宗十分高兴，当堂就封刘晏为"翰林正字"，将他带回宫中继续学习。当时9岁的刘晏在没有经过科举考试的情况下，通过"制科"选举的方式直接授官。

起源于隋代的科举制到唐朝有了新的发展，除了有明经科、进士科等由各州县选送的举子进京应试，还有

刘晏朝堂之上对答如流（《唐朝理财家刘晏》）

“制科”这一非常规的选拔人才方式。一般是根据临时的需要，设立直言极谏、贤良方正等科目，所考科目没有限制，由皇帝亲自主持考试，考上的可以给个出身，成绩优秀的，可以直接授予官职。在天子行幸、巡狩、封禅时，往往举办这种制科考试，又称制举。刘晏就是以制举这种特殊的方式被授予官职。

小贴士：制举

制举是我国封建社会时期，为选拔“非常之才”而举行的不定期非常规考试。又称大科、特科，是在定期的科举考试外，封建王朝临时设置的考试科目。目的在于选拔国家人才。唐代制举分科取士,大约始于太宗贞观十一年（637），唐代制举选拔人才的方式比较兴盛，至宋代，贡举大为发展，而制科则趋于衰微。清代康熙、乾隆时的博学鸿词科，光绪末的经济特科，均属此类。制科并非常选，必须等到皇帝下诏时才举行。具体科目和举罢时间均不固定，屡有变动。应试人的资格，初无限制，现任官员和一般士人均可应考，并准许自荐。之后由于限制条件逐渐增多，自荐改为要公卿推荐，白衣需经过地方官审查条件，御试前又加“阁试”。

元宵题诗作正字

封禅后，刘晏跟随唐玄宗到了京师长安，当翰林正字官。刘晏工作的机构叫秘书省，是唐代的中枢决策机构中书省所属的藏书机构，翰林正字只是秘书省的一个九品小官，职责是文字校对之类的工作。唐玄宗让刘晏担任这个职位，实际上并不是叫他做官，只是看到刘晏是块可造之才。其真正的目的是让这一位神童到朝廷中枢机构来深造学习，全方位地熟悉国家治理的各个环节，以便为国家培养以后有用的人才。在藏书丰富的皇家图书馆里，刘晏饱览群书，由于他天资颖悟，勤奋好学，加上秘书省的同僚们很喜欢这位小神童，闲暇之余，常与他切磋交流，并对他加以指点，刘晏在这段日子受益匪浅。

刘晏11岁那年，正值开元十五年（727）。这年又是一个丰收之年，正月的元宵夜，京城长安举办盛大的灯会，全国各地张灯结彩，热闹非凡，邀请了各色艺人同时献艺。唐代的元宵灯会相当隆重，场面盛大，而且玄宗会与百姓一起观看。在这普天同庆的日子，玄宗皇帝带着皇后、贵妃到勤政楼看戏，与民同乐。而年仅11岁

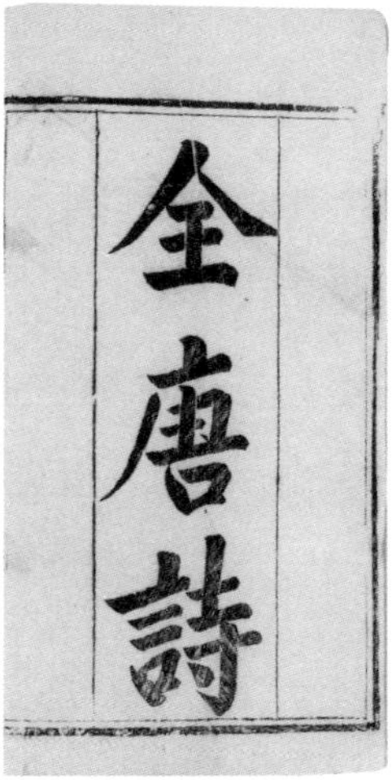

《全唐诗》书影

的刘晏也被邀请陪同皇帝和嫔妃们一同观看。场上演出精彩纷呈，百艺之中有一位叫王大娘的女艺人在楼下表演的顶竿之戏最为出彩，只见高高的竹竿顶端，有一个穿着盛装的小孩子手持红绸带，上下翻腾，戏耍不断。充满孩子气的刘晏高兴得手舞足蹈，大呼小叫。玄宗看到刘晏忘情的憨态，便指着顶竿之戏对他说：“刘晏，你能否以此为题，吟诗一首？”刘晏稍做思考，随口占诗一首：“楼前百戏竞争新，唯有长竿妙入神。谁谓绮罗翻有力，犹自嫌轻更著人。”玄宗与贵妃们听了不由拍手叫好。后来这首诗被命名为《咏王大娘戴竿》，收入《全唐诗》。

玄宗见小刘晏才思敏捷，于是打趣地问他：“你是正字官，正了几个字。”这虽然是句玩笑话，哪知刘晏微微一笑答道：“天下字皆可正，唯朋字不可正。”原来，朋字在古代是个风字，篆书中的风字整个字都是歪的，而在楷书的正规写法中，朋字的两个月字也是歪的。因此，刘晏的回答，不仅说明了他的文字功底相当深厚，也表现了他的机智与聪慧。而且此话一语双关，不仅说出了“朋”字的字形结构特点，还寓意深刻地抨击了为官朋党相互勾结的弊端，在刘晏这样小的年龄能说出这样有趣且深刻的字谏，属实不易。玄宗一听哈哈一笑，打心眼里喜欢这位神童。为此，他特地下令赏赐刘晏象牙笏和黄纹袍，在唐代五品以上的官员才执象牙笏，可见玄宗对刘晏的重视。才华横溢的神童刘晏一时间名噪京师，很多官宦人家都以刘晏为榜样教育子女。唐玄宗的一念之仁，为唐朝揽下了一位栋梁之材。

就这样，刘晏在翰林院勤奋苦读，博览群书，四处求教，这些储备的知识在他后来的施政改革中，产生了积极的影响，也为刘晏日后成长为一位为国理财的栋梁之材打下了坚实基础。当然，唐玄宗为子孙后代培养宰相之才的愿望没有落空，刘晏日后先后成了他儿子肃宗、孙子代宗和曾孙德宗的重要财臣。

第二章　为官一任福一方

疏河道引灌农田

天宝六载（747）十月，已达而立之年的刘晏被朝廷外放到山西夏县（今山西省运城市夏县）任县令。在朝廷秘书省学习时，刘晏耳濡目染了不同官员处理国家事务的方法，也接触到了多位唐代的名臣，学到了一些治国理政的本领，因此早就立志当一个为民造福的好官。

夏县古称安邑，历史悠久，因夏朝曾在此建都而得名，但夏县是穷乡僻壤，刘晏到夏县任县令时，正值夏县遭遇蝗灾。为了组织全县官民救灾，他到任便带着随从巡查民情、了解灾情。经过一番调查，他发现尽管夏县的粮食生产遭遇蝗灾，颗粒无收，但夏县附近的瑶台山上

刘晏（《唐朝理财家刘晏》）

漫山遍野都是宝，中药材、楠竹等特产到处都是。于是他想，只要将山货加工成土特产，一定可以换成粮食，度过饥荒。但一番动员后，令人奇怪的是老百姓都不愿意上山去砍柴伐木、打猎、采草药和山货。再一了解，原来是因为只要老百姓一上山，官府就要收山泽之税，试想农民的山货还没卖出去，地里粮食又绝收，哪里来的钱交税？因此没有人愿意上山采山货。另一方面，即使采到了山货，加工好了也只能放在家中，因为夏县前任的县令是个贪官，想方设法搜刮百姓，致使夏县的关津之税特别高，而且还有税外之费，一般商品的赋税负担是其他地方的3倍，外地客商一个也不愿意来夏县做生意。

在了解到基层的真实情况后，刘晏上任发布的第一个政令就是改革山泽之税，将以前官府对卖山货的农民先征税后销售的政令，改为销售出去拿到钱后再征税。这样可以有效地减轻农民负担，调动农民采集、加工山货的积极性。他陆续出台了一系列优惠政策，营造良好的经商环境，以诚意留住来往客商，如对关津之税在国家规定的基础上，减两成征收。同时，整顿吏治，严令禁止官吏对客商吃拿卡要。对客商从外地运来夏县的粮食免征关津之税，以增加夏县市场的粮食供应，使老百姓能够有机会用土特产换粮食。这样一来，夏县的老百姓不再一味地依靠官府救灾，而是积极以副业生产自救。外地客商也纷纷来到夏县收山货，做生意，这样山货销售多了，即让老百姓富了起来，又让客商赚了钱。尽管平均税率降低了，但总的关津之税增加了，官府获得了大量的山泽之税。通过运筹帷幄，指挥若定的抗灾，刘晏的经济思想有了市场经济的色彩。他不赞成通过加重人民负担的强制性益赋增税方式，主要是提倡把商业经营作为主要经济手段，来取得政府财政收入，以充实政府财政。从刚出道的这次救灾经历就可以看出，刘晏具有过人的理财能力。

在夏县县令的任上，刘晏常常下乡了解民情。到夏县后的第二年春天，刘晏早早地就下乡了解春耕生产情况，发现经过上一年的抗灾，农民们种田的积极性提高了，但又出现了另一个问题。开春后，本来是积极备耕的大好时节，虽然临近春耕季节，因为有很多农田缺少灌溉水源，农民备耕的热情并不高。刘晏经过深入了解，发现原来是贯穿全县的一条叫青龙河的大河，由于河床较高，水流量小，每年春耕季节，上下游的乡民经常为争水源而闹得不可开交，甚至引发宗族之间的斗殴事件。在他下乡时就曾经遇到两个村的村民因抢水发生争斗。刘晏下决心想办法解决这一问题，于是带着随从赶到青龙河上游勘测水道。经过一番考察，他发现青龙河是黄河的一条支流，上游入口的河道比较狭窄，水流量不足，加上由于黄河的泥沙淤积，河床比较高，水流被阻塞，流不到下游。其实只要将上游河道进行清淤拓宽，就可以保证下游的水量。回到县衙后，他立即与县里官员们商量，决定调集全县的民工为青龙河清淤，靠近河口施工工地旁的乡民负责做好后勤。经过半个月的紧张施工，在农忙之前全部完成了治河工程任务，使青龙河沿线的农田得到了充足的灌溉水源。自疏通了青龙河，农民种田的积极性显著提高，夏县的粮食收成一年比一年好，老百姓缴粮纳赋根本不用官府劳神，史书记载：夏县的官府没有督缴过赋税，但百姓缴纳赋税没有一个到期不交的。这件事也充分展示了刘晏的治水天分。

在夏县任县令三年期满后，刘晏奉调回京。老百姓听说好县令刘晏要调走了，纷纷来到县衙挽留。刘晏却连夜坐上马车，悄悄离开了夏县。夏县乡绅百姓为了表达自己的感激之情，在事后做了把万民伞送往京城。

小贴士：万民伞

旧时绅民为颂扬地方官的德政而赠送的伞。伞上缀有许多小绸条，上书赠送人之名氏。在封建社会，地方官离任的时候，当地百姓都得表示一下挽留，比较通行的方式就是送“万民伞”，其意思是说这个即将离任的地方官，日常像把巨伞一样护佑着这一方的老百姓，是个爱民如子的好官。送的伞越多，表示这个官员越有面子。如果在这个官被撤职或者降职的时候，当地还有人送伞，甚至拦轿，说明这个官绝对是个清官或者好官，而且当地人又有情有义。

赴科举及进士第

唐天宝九载（750），正是大比之年，天下各省的举子齐聚长安，报考进士。这时刘晏正好赋闲在家等候吏部派遣，于是就有了赴考场一试身手的念头。本来举子即使中了进士，初任职务也是当县令，刘晏因为从小就被皇帝钦点翰林，制举应仕已经相当于中了进士，况且他已任了一任县令，本来是不需要考的。但天性倔强的他，也想通过参加常规的科举考试证明一下自己的实力。于是他到吏部报名参加了殿试。经过一番紧张的考试，天宝十载（751）五月二十日，朝廷放榜，刘晏中了二甲一等第二十八名进士。

次日，新科进士由礼部司官带领来到皇宫觐见皇帝，唐玄宗李隆基让刘晏走上前来，当着所有新科进士的面，介绍说，这就是当年名闻遐迩的山东神童刘

小贴士：进士及第

中国古代科举制度中，通过最后一级朝廷考试者，称为进士。进士是科举考试的最高功名，及第指科举考试应试中选。进士及第就是指常规的科举殿试及第的人。科举殿试时录取分为三甲：一甲三名，赐“进士及第”的称号，第一名称状元（鼎元），第二名称榜眼，第三名称探花，三者合称“三鼎甲”；二甲若干名，赐“进士出身”的称号；三甲若干名，赐“同进士出身”的称号。二、三甲第一名皆称传胪，一、二、三甲统称进士。自唐中宗开始，新科进士放榜后会在长安曲江池组织一场庆祝宴。宴会开始前在今科进士中选年少俊美的人骑马采花，以助喜庆，被称为“探花郎”。

晏，二十多年前就以制举中试而入仕，天宝六载外放夏县为县令。三年任期内清正廉洁，致力于发展地方生产，带领百姓抗灾治水，真正做到了为官一任，造福一方。夏县乡绅们专门送来了一顶大红的万民伞。唐玄宗说，刘晏是大唐亲民之官的楷模，是新科进士的学习榜样，他还告诫新科进士以后无论是到地方任职，还是在朝廷做官，都要时刻牢记为官一任，造福一方的职责，并且让吏部司官在官员的考功薄上为刘晏记下一功。刘晏作为被皇帝亲自点名表扬的“优秀县令”，次日，他就被委任为温县（今河南焦作温县）县令，又一次赴基层任职。

建大堤为民谋利

温县地处豫北平原之西，北临太行山，是有名的黄河泛滥的区域。刘晏到任温县县令时，正值桃花汛，黄河发大水，冲垮了大堤，冲毁了良田数千顷，灾情十分严重。刘晏到任后，立即投入救灾工作中。有了在夏县的3年工作经验，刘晏已很熟悉农村工作。他一手忙赈灾，调集粮食救济灾民，使灾民安然度过灾荒；另一

小贴士：桃花汛

“桃花汛”是指黄河上游冰凌消融形成的春汛。每年三月下旬到四月上旬，黄河上游冰凌消融形成春汛。当其流至下游时，由于恰逢沿岸山桃花盛开，故被称为“桃花汛”。桃花汛时节，景致蔚为壮观，以壶口瀑布最为特色，一如钱塘潮。但黄河河水在桃花盛开时节突然疾速上涨，常常会造成洪水泛滥，冲破河堤，冲毁两岸田地和庄稼，给沿线百姓造成灾害。

方面变消极的赈灾方式为积极的救灾方式，组织灾民生产自救。针对灾民没饭吃也没活干的现状，他决定实行以工代赈的办法，发动民工维修黄河大堤。对上工修河堤的民工，除管吃饭外，还另付工钱，这样，既能解决修堤的河工问题，又能解决灾民的吃饭问题。但因为遭遇水灾，县财政收不到税，也没有余钱，所以没办法支付修河堤的工钱，这时，刘晏就展现了他过人的理财能力，经过与县里相关官员的商量，他出台了一个以地收钱，取之于地，用之于民的政策，即让得到实惠的土地主人拿出钱来给付民工工钱。县衙宣布：对河堤下的有

温县位置图（《中国历史地图集》）

主之田，每亩征收五贯钱，用于支付河工工钱。他还考虑到河水退了后，会有新淤出的田，对这些新田和无主之田，规定每亩按十贯出售，买家提前支付的，按九折计收。

这一政策张榜公布后，有田的大户和想买田的无田户都很欢迎，大家争着交钱。以工代赈的修堤方案出台后，民工们很快就走上了大堤，仅仅一个多月时间，就将黄河大堤修好了。由于政策得到百姓拥护，修筑河堤的费用不仅无忧，而且还挤出一部分资金用于灾后重建。

大堤将近竣工时，温县的乡绅们商议在大堤上立块石碑，将县令刘晏以工代赈修筑黄河大堤的丰功伟绩勒石传之后世。这其实也是中国古代社会地方上常做的事情，为了防止县令刘晏阻拦，这件事是瞒着刘晏进行的。但乡绅们要举办大堤竣工庆典的事刘晏是知道的，刘晏对县丞李志宏说道：“现在百废待兴，待用钱的地方甚多，简单庆祝可以，绝不可铺张浪费。”李志宏回答：“大人请放心，庆典活动悉由乡绅自办，决不用县衙出一分钱。”听了这话，刘晏也就放心地让他们去筹备了。

大堤竣工这一天，温县黄河大堤上，扎起了高大的彩门，龙灯队、舞狮队、锣鼓队、秧歌队齐聚现场，只等县令刘晏一到就开始庆祝。刘晏一到现场，锣鼓喧天，鞭炮齐鸣，老百姓欢呼声不断。刘晏看到欢庆的百姓，心情也格外兴奋，大家跟着舞狮子的队伍顺着大堤往前走，摇头摆尾的狮子在遮着一块红布的石碑前停下，县丞李志宏上前说：“大人请剪彩。”刘晏拿起剪刀，剪断了横在石碑前的红绸带，李志宏和乡绅代表揭开红布，一块名为《晏公堤》的石碑展现在众人面前，上面写道：

大唐天宝十年，黄河涨水，温县段溃口，冲毁村庄四十有八，冲毁良田一千五百余顷，二百七十六人死亡。新署县令刘大人，讳晏，率温县百姓以工代赈，既活一方之百姓，又筑此坚固大堤，惠及当代，福荫子孙。

特立此碑以传后世。

温县乡绅百姓：大唐天宝十年立

这是温县百姓第一次为刘晏立碑。天宝十三载（754），刘晏在温县三年任期已满，朝廷调他到御史衙门任侍御史。临行前，温县百姓为铭记刘晏的善政，特地又为他立了一块功德碑传诵。这是温县百姓第二次为刘晏立碑，三年县令，得到百姓两次立碑，这在朝廷乃至全国范围内也是不多见的。

进户部初任财臣

天宝十四载（755）十一月初九安史之乱爆发。身兼范阳、平卢、河东三地节度使的安禄山，发动属下唐兵以及同罗、奚、契丹、室韦等少数民族的军队共15万人，号称20万，以“忧国之危”“奉密诏讨伐杨国忠”为借口在范阳起兵。安禄山先后攻下洛阳、长安。唐玄宗李隆基率皇子皇孙、文武大臣一路向西溃逃，唐玄宗为保军心安定，在马嵬坡下令杀死杨国忠、杨贵妃，安史之乱进入最高峰。太子李亨于公元756年农历七月十三日在灵武（今宁夏回族自治区灵武市区）为朔方诸将所推而自行登基。遥奉逃到四川成都的玄宗为太上皇，改元至德，是为唐肃宗。肃宗起用郭子仪、李光弼等讨伐叛军，击败安禄山部将史思明，收复河北一带。睢阳之战后，收复长安、洛阳两京。安禄山、史思明先后被部下所杀，叛军内部离心，后来被唐军打败。安史之乱削弱了唐王朝的封建集权，为封建割据创造了条件，使唐王朝自盛而衰。此后唐朝进入藩镇割据的局面。安史之乱的另一个结果是造成了中国经济重心

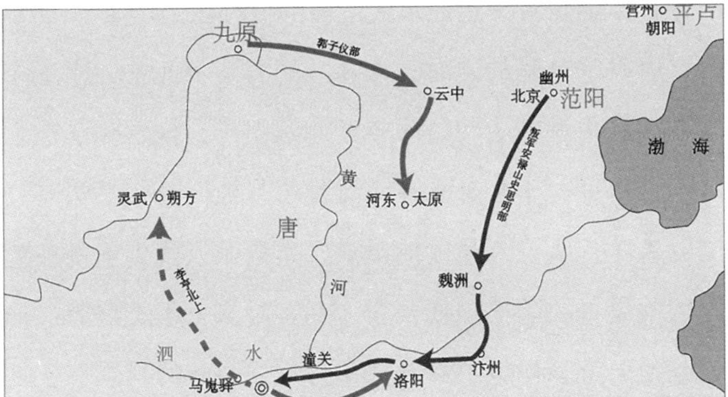

安史之乱进军图（作者改绘）

小贴士：安史之乱

安史之乱是唐代玄宗末年至代宗初年（755年12月16日至763年2月17日）由唐朝将领安禄山与史思明背叛唐朝廷后发动的战争，是地方军阀同唐朝廷争夺统治权的内战，为唐朝由盛而衰的转折点。安史之乱的原因主要有统治阶级和人民的矛盾，统治者内部的矛盾以及中央和地方割据势力的矛盾。这场内战使唐朝人口大量丧失，国力锐减。因为发起反唐叛乱的指挥官以安禄山与史思明二人为主，因此被称为安史之乱。又由于其爆发于唐玄宗天宝年间，也称“天宝之乱”。

的南移，朝廷对漕运通道大运河的依赖更为严重。

唐肃宗登基的同时，李隆基的另一个儿子，永王李璘在战乱中逃到了江陵（今湖北荆州），他看到江淮之地十分富庶，于是打算在江陵称帝。他四处招兵买马，网罗人才。听说刘晏才能出众，于是派人找到避乱在襄阳的刘晏，要聘他担任要职。刘晏对永王本无好感，通过其他渠道，他也了解到永王有另立朝廷的异志，于是以身体不佳为由谢绝了使者的邀请，婉拒了永王。送走永王的使者后，刘晏感到这件事很严重，必须提醒朝廷早做防范。于是他给宰相房琯写了一封信，请他提醒肃宗要防止永王夺位，另立朝廷。房琯接到刘晏的信后，立即告知了肃宗皇帝。肃宗皇帝及早做好了相应的应对之策。肃宗皇帝早就听说刘晏是个人才，看到他对朝廷这么忠心，觉得国家正是用人之际，此等人才不可埋没，当委以重任。不久，李亨下旨，任刘晏为户部度支郎中，主管江淮租赋。刘晏开始接触财政工作。

不久，一心想当皇帝的永王李璘起兵造反了，他率领大军顺江而下进攻江淮地区。刘晏与大将李希言分守余杭、吴郡一带，李希言战败从吴郡逃到余杭后，刘晏和他一道动员百姓扼守城池，招募义军坚守营垒，抵抗住了叛军的攻城。由于刘晏在平定永王之乱中功不可没，对保障江淮安全起到了重要作用，至德二年（757），肃宗任命刘晏为彭原太守。后来又将他调任陇、华两州刺史，不久升任河南府尹。上元元年（760），肃宗任命刘晏为京兆尹，也就是首都所在地的最高行政长官，并作为第五琦的继任者任户部侍郎，兼御史中丞、度支、铸钱盐铁等使。刘晏第一次担负起了为国理财的重任。

开元通宝

刘晏初掌财权时，面对的是这样一番景象：由于安史之乱的破坏，唐朝廷已是国库空虚，军费支出严重不足。朝廷被迫采取了一些应急的政策，如向富人纳钱、加征关津之税等。特别是改革币制，铸行大钱，导致通货膨胀，物价飞涨，造成很坏的后果。刘晏上任后强调发展货币经济，他极其重视货币与商品的关系，在唐代这种经济思想的确是开风气之先，他大大超越了一般理财者的思想水平。唐代中叶，货币经济伴随着商品经济的发展也有了飞速的进步，且刘晏注意到了货币经济的作用，采取稳健的货币政策，主要是稳定币值、稳定物价，既反对通货膨胀，又反对通货的过分紧缩。这些都是有助于促进货币经济健康发展的重要的措施。

刘晏上任的第二项工作就是解决人口流失、土地荒芜两大问题。安史之乱后，由于唐朝廷统治能力减弱，各大藩镇拥兵自重，并相互攻伐，唐朝又陷入藩镇割据的战争中，战乱使社会遭到了一次空前浩劫，特别使北方的经济遭受了严重的破坏。《旧唐书·郭子仪传》记载："宫室焚烧，十不存一，百曹荒废，曾无尺椽。中间畿内，不满千户，井邑榛荆，豺狼所嗥。既乏军储，又鲜人力。

杜甫雕像

东至郑、汴，达于徐方，北自覃、怀，经于相土，人烟断绝，千里萧条。"也就是说，当时的宫室大多数被焚烧，十间存下的不到一间，漕运被荒废。人口流失，京城剩下的人口不满千户。农村里到处杂草丛生，豺狼号叫。唐朝廷是既缺乏军储，又没有人力。东到郑州、汴州，一直到徐州，北边到覃州、怀州，几乎包括整个黄河中下游，都是人烟断绝，千里萧条，一片荒凉。杜甫在《无家别》中写道："寂寞天宝后，园庐但蒿藜，我里百余家，世乱各东西。"这说明经过战乱，中原地区的广大百姓都处在无家可归、四处逃亡的状态中，连大诗人杜甫也不得不四处逃难。

经过调查，刘晏发现京畿地区有很多荒地有待开垦。于是写了一份奏折，在奏折中他提出，战后重建，恢复生产是当前头等大事，要以发展生产来促进经济，必须制定优惠政策鼓励百姓重新回到土地。刘晏的奏议有理有据，很快得到皇帝的批准，朝廷出台政策规定，百姓如果能够将原先抛荒的土地重新耕耘，国家给予免赋税三年的优待；当地有土地的百姓如果自己不能复垦，则将这些土地分给没有土地的当地老百姓或流落京师的客户，赋税由这些种田的人缴纳。这一项政策有点像今天的农村耕地所有权与经营权的分离。对于无主的荒地，鼓励百姓去开垦。这样一来无论是当地百姓还是外地流落来京的人员只要想种田，都能有田可种。于是在京城及周边地区大张旗鼓地开展了一场轰轰烈烈的生产自救运动。刘晏的这一政策实施不久，就见到了成效，返乡的农民多了，种的庄稼也就多了，百姓有饭吃了，国家又增加了税收，很快就使京城地区恢复了生机。上任伊始，刘晏为国理财的能力得到了初步显现。

第三章　整顿漕运修运河

裴耀卿改革漕运

唐帝国的都城长安，从夏商周一直到秦汉都是历代朝廷的重要农业区，而南北朝后，这里的气候却不断趋向干旱，农业生产长期连遭灾害，尽管唐初就兴修了一些水利工程，但并不能保证每年都丰收。由于其所在的关中地区人口不断增长，关中经济区生产的粮食根本不能满足朝廷官俸、军饷和宫廷用粮的需要。在唐初曾发生过“东都就食”的事情：因为长安粮食供应不足，皇帝率百官到洛阳去吃饭。唐高宗李治在位27年，有一半时间住在洛阳，其主要原因就是因为长安旱饥，就食于洛阳，唐高宗因此被戏称为“逐粮天子”。因此，发展农业生产，维护好运河漕运，保证京师粮食供应就成为安史之乱后重回长安的唐王朝的首要任务。

唐朝是真正发挥大运河作用的王朝。唐代建都长安，唐政府把漕运重点放在南方，漕运线路也由秦汉的东西向变为东南、西北向。此时，江南地区的经济作用十分明显，漕运地位真正确立。岁供漕者以浙西、浙东、宣歙、淮南、江西、鄂岳、福建、湖南八道为主。由扬州经淮河、汴河、黄河、洛水等河系而转往长安。唐代初年，水路运抵关中之粮仅一二十万石左右，之后得到蓬勃发展。唐高宗以后，洛阳以东改为“直运”，规定江南船于每年二月到扬州集中，四月经由淮河进入汴河，六、七月到达河口（黄河通汴河的进口），这时正逢黄河涨水季节，需等到八、九月黄河水落后，船只才能转入洛水运达洛阳的含嘉仓。洛阳以西，因三门峡的险要地形，船只行驶困难，则改用陆运。

唐代含嘉仓

唐开元二十一年（733），唐玄宗拜裴耀卿为宰相、兼江淮河南转运都使，负责解决漕粮问题。由宰相亲自督查漕政，可以看出唐玄宗对漕运的重视程度。裴耀卿分析当前形势，建议疏通漕运，征调江淮粮赋，以充实关中。唐玄宗对此非常赞同。十月，裴耀卿被任命为黄门侍郎、同中书门下平章事，并充任江淮转运使。裴耀卿总结前人的经验教训，健全了漕运制度，实行转般法和仓储制度的结合。对漕运进行了一系列的改革，提出“分段转运”的方法。

为了方便东南地区漕粮的运输，裴耀卿继承隋代的仓储制度，在汴河与黄河的交叉点上置河阴县（今河南孟州一带）及河阴仓，在河西河清县（今河南孟州市西南五十里）置柏崖仓，在黄河北岸三门之东置集津仓，三门之西置盐仓（即三门仓）。又改陕州之常平仓为太原仓，华州之广通仓为永丰仓。同时扩建了洛阳的含嘉仓和长安的太仓，以备这些仓储与转般法相互结合，征集天下租粮。过去漕运是由江淮地区直接运送到长安或洛阳，由于自然条件不同，各个河段适合通航的时间不一致，漕船运输过程中等待的时间较长。他精心设计了一条分段转运的线路，将江淮的粮食物资经过运河北上

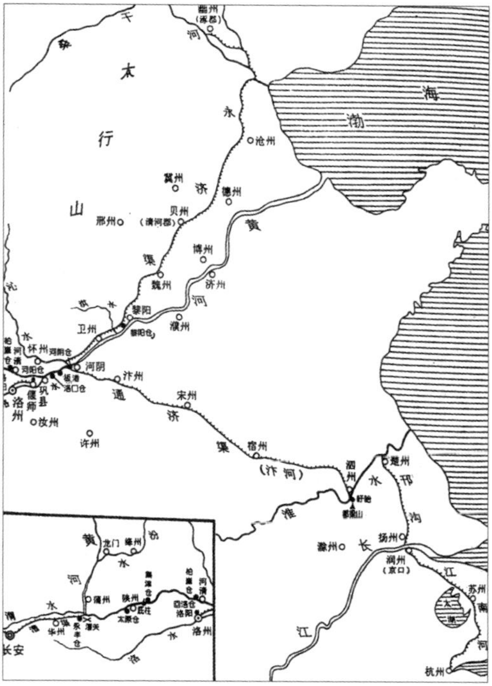

隋唐运河和大型粮仓分布图（《椿庐史地论稿》）

至河阴县，即纳入河阴仓。此后漕船就返航。而河阴仓的粮食安排其他船只重新运输，这样一来，减少了漕船等待的时间，漕运效率大大提高。据《新唐书·食货志》记载，从开元年间直到天宝中叶，漕粮的年运量都能保持在两百万石，最高时可达每年四百万石，达到了唐代年漕运量的顶点。三年时间便积存粮米七百万石，省下运费三十万缗。有人劝他将省下的钱财交给皇帝，以邀功请赏。裴耀卿却奏请唐玄宗，将这笔钱款充作官府的和市费用。后人评价说："江淮漕运，于斯称剧。顾始终三百年间，治漕称善者，前惟裴耀卿，后惟刘晏。"但安史之乱使唐朝的漕运受到了致命的打击。

复漕运巡视东南

安史之乱后，北民南迁的状况越来越明显，致使经济重心进一步南移。随后的藩镇割据又对北方农业生产造成了极大的破坏，大量北方人南渡。江淮一带的气候在南北朝后更加适合农耕，社会也相对较为稳定，北方人口的南迁，带去了大量的劳动力、先进的生产技术，促进了江南经济的发展，南方经济日益超过北方。从人口上看，北方人口受战乱影响向南流亡，增加了南方的人口。三吴地区成为全国人口密度最高的地区。人口的增长，促进了农业生产，粮食产量的大幅度增长是江淮农业经济发展的重要标志。

随着北方人口的大规模南下，江淮地区的水利工程

武则天在东都洛阳建的天堂

进入空前繁荣的历史时期。大历十二年（777），句容县令王昕在绛岩湖围湖为塘，建立二斗门，开良田万顷。在扬州，淮南节度使李吉甫组织筑富人、固本二塘，灌溉良田万顷。因为扬楚运河漕渠不能蓄水，于是李吉甫带领民众筑堤以防不足、泄有余，这座堤就叫平津堰。平津堰不但方便了漕运，而且灌溉粮田千余顷，至今淮扬运河边还有平津堰的遗址。

一系列水利工程的实施，使江淮经济区形成了密集的水利网，这一地区成为唐后期全国最富庶的地区，加快了全国经济重心南移的步伐。同时也使运河的漕运网络更加健全，运河的作用发挥得更加完善，为支撑安史之乱后的唐帝国做出了贡献。

平津堰遗址

据权德舆《论江淮水灾上疏》，淮南、浙西、徐、蔡、襄、邓等州的良田，在丰收年，就可以资助其他几个道。朝廷的赋税来源，漕粮的征收，军国大计，都仰仗于江淮地区。特别是藩镇割据，税收不上缴中央，使唐帝国朝廷在北方的经济来源大为缩小，只能依赖江淮地区的经济，曾任苏州刺史的白居易在《苏州刺史谢上表》中言："当今国用，多出江南，江南诸州，苏最为大。"唐代诗人李翰则说："扬州在九州之地最广，全吴在扬州之域最大。"

安史之乱以后，又形成了藩镇割据的局面，北方地区的大部分赋税被地方留用，不但河朔一带的安史旧部担任节度使的藩镇"贡赋不入朝廷"，连河东、宣武一带手握重兵的藩镇管辖区域的赋税都被留作自用。安史

小贴士：扬一益二

隋唐时期，伴随着北方人口的大量迁徙，江南地区的经济得到迅速发展，地处长江、大运河交汇处和对外交往前沿的扬州逐渐发展成为一座繁荣的工商业都市。特别是进入盛唐以后，其繁盛程度位居全国之冠，经济地位甚至超过了长安、洛阳，与同样富庶的益州（今四川成都）一起，被时人称为“扬一益二”。

之乱前，长安和关中地区的粮食就主要从东南各地大批调入。当时，运粮主要靠大运河，其路线一直是从淮河进入汴水，再经黄河转渭水而进长安。唐皇朝的财政收入主要依靠江淮，广济渠成了其重要的生命线。然而，自安史之乱起，运河的漕运路线被割据的藩镇所切断，根据《旧唐书·食货志下》记载，“是时淮河阻兵，飞挽路绝”。只好溯长江，渡汉水，抵洋州（今陕西西乡县），再转陆路运输。如此一来，耗时过多，供不应求，造成了北方谷物物价飞涨，如何把南方的大批谷物运到北方，唯一的办法就是依靠水运，这就需要修复运河与恢复漕运。

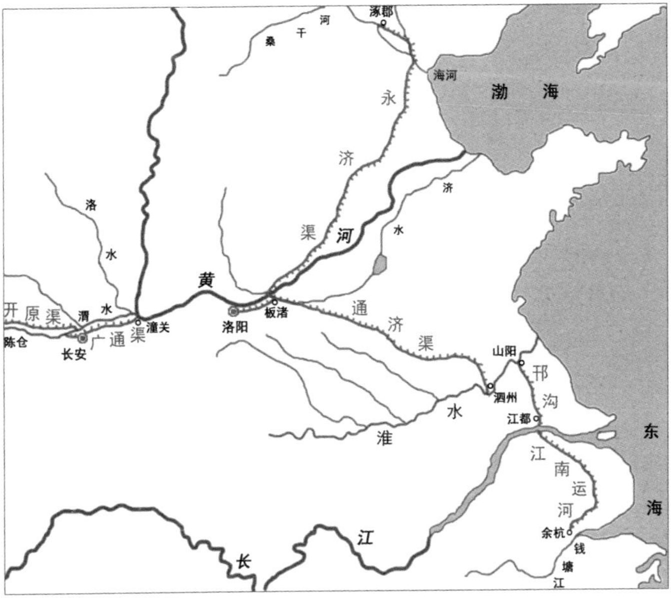

唐代以洛阳为中心的运河图（《中国大运河申遗文本》）

宝应元年（762），太上皇李隆基和肃宗皇帝相继去世，太子李豫继位，为唐代宗。代宗宝应二年（763）吐蕃军队攻破长安，京师再次失守。老帅郭子仪受命于危难之际，再次出马带兵从吐蕃军队手中夺回长安。因附议宦官程元振为避外族军队入侵迁都洛阳的事，刘晏被贬为太子宾客，赋闲在家。当然，刘晏附议迁都洛阳，与当时朝廷中郭子仪与宦官之间的政治斗争无关，他纯粹是从洛阳地处大运河的中心，方便各地漕粮运输到京

柳孜运河曾是通济渠的一段，考古发掘出8条沉船和大量的瓷器，说明运河的繁华程度

城，而长安地处关中，不方便漕粮运输，容易造成京城无粮而乱这一经济学的角度提出的建议，应该说在当时有一定的合理性。但也因这一附议，他意外中枪，被免去理财大臣的职务。

但不久，刘晏的担心就成了现实。这一年，关中发生灾荒，成群结队的饥民涌入长安，京城的米店因无米可卖，全部停业，整个长安城陷入无粮的恐慌中。最困难的时候，宫中也无隔夜之粮，禁军因缺少军需，造成军心不稳。这时，朝廷想到了刘晏，宰相元载保举刘晏出任代理户部尚书，充河南、江淮转运盐铁使，专门负责漕运工作。

受命于危难之际的刘晏，上任后要做的第一件事就是恢复运河漕运功能。漕运是一种有效的政治与经济制度，它在广大的国土范围内进行资源的调度、控制和再分配，满足国家战略储备、应急救灾需求，调整社会结构，推动经济发展，维系了稳定的中央集权统治，是人类在农业文明时代重要的制度文明成果之一。唐代是漕

小贴士：元载

元载（713—777），本姓景，字公辅，凤翔府岐山县（今陕西省宝鸡市岐山县）人，是唐代宗时的宰相。元载出身寒微，从小嗜好读书。性格敏惠，精通道学。曾任洪州刺史，迁户部侍郎、度支郎中、诸道盐铁转运使。唐代宗即位，交好权宦李辅国，拜中书侍郎、同平章事，册封许昌县子，成为宰相。在协助皇帝铲除李辅国和鱼朝恩两个权宦后，他深得宠信，进封颍川郡公。后来，他独揽朝政，排除异己，专权跋扈，贪腐之风公开流行，逐渐引起唐代宗的厌恶。大历十二年（777），被左金吾大将军吴凑逮捕，坐罪赐死。元载担任宰相十五年，最终虽因专权贪腐被赐死，但任相期间，颇有功绩，特别是提拔任用了刘晏、杨炎等理财名臣。

运发展的一个重要阶段。

为了掌握漕运的第一手资料，上任的第一天，刘晏就决定和下属李若初等一起去东南地区考察。第二天，刘晏等就从长安的漕运粮仓东灞桥仓开始，巡视漕运。他们沿着渭水顺流而下，看了黄河与渭水的交汇处渭口的太原

小贴士：漕运

漕运是中国历史上特有的一种现象。它是由国家政府组织和管理，利用水路（河道或海路）调运专门物资（主要是粮食）到首都（或军事政治目的地）的专门运输体系。在中国历史上漕运用得最多的线路就是大运河。漕运从秦代开始，到清末结束，对大一统帝国的建立和发展发挥了重要的作用。漕运有着严密的制度保障，并始终以高成本运行，体现出高度的政治性。漕运是解决中国南北社会自然资源不平衡的重要措施，实现了在广大国土范围内南北资源和物产的大跨度调配，沟通了国家的政治中心与经济中心，对维持大一统帝国的正常运转发挥了不可替代的作用,产生了重要的影响。在漫长的历史时期里，漕运对古代中国的发展产生了巨大的影响，形成了近两千年的文化传统。

仓，又沿着黄河到了三门峡这一漕运的鬼门关。在三门峡刘晏发现，木排可以在三门峡中畅行无阻，而一般的货船却不行，因为这里河水较浅，而且水下暗礁密布，因此水浅时容易触礁，水大时又容易倾覆。这时他就在思考如何设计一种既坚固耐用，又吃水较浅的漕船来通过三门峡。在东垣县（今河北石家庄附近）他了解到，过去漕运所使用的劳力都是由老百姓的徭役充当，河南老百姓服的徭役多是充当船工，这对老百姓是一个沉重的负担。这也引发了他思考如何改革漕运的运工问题。在汴河他发现，由于战争的影响，漕运停运，河道无人管护，受黄河泥沙影响，淤塞成了浅滩，漕船无法行走。在泗水入淮水的清口镇，他又发现当地驻军拦截商船索要货物，使客商不敢走南闯北做生意。在顺着大运河南下的客船上，他还了解到过去货运主要是以漕运为主，战乱后，漕运阻滞，货船无事可做，于是很多船家只好卖了货船，改做客运生意。就这样，刘晏掌握一手资料，制订了一套整治漕运的方案，并且亲自指挥，刘晏认为江、汴、河、渭水流缓急各不同，各段需根据水流缓急，营造运船，采取分段接力的方式，才会顺利抵达。并确保各段河道的船只利于适应水情，从而减轻沿岸百姓的负担，提高运输效率，也保证船只的安全通畅。

刘晏一路南下到达扬州后，看到扬州城市的繁华盛景，感受到运河对经济发展的促进作用，同时，更感觉到恢复漕运将东南地区的物资运送到长安、洛阳等地，发展京城附近的经济的必要性。经过一路的实地调查，他充分了解了漕运的现状和恢复漕运面临的问题，并洞悉了造成这些问题的原因，于是一个恢复运河漕运的完整计划在他的头脑中逐渐形成。

到了扬州后，他赶紧召集相关部门研究恢复漕运事宜。经过分析，刘晏发现，恢复漕运存在四个方面困

繁华的扬州夜色

难，一是黄河、汴河多有淤塞，行船处成为浅水滩，急需疏浚。二是黄河三门峡的砥柱之险，漕船经过时容易搁浅倾覆。三是沿途各地驻军拦截商船、漕船，造成漕运不畅。四是漕船到了京师地区后，由于经过战乱，人烟稀少，劳动力奇缺，陆路运输的牛和车难以征集。作为一个财政专家，他也认真分析了恢复漕运带来的好处，一是调江淮之米入长安，可以解决京师的粮食短缺问题。二是引海陵之仓的粮食供应河洛地区，可以使外逃的百姓回归故土，使荒芜的土地得到耕种，恢复中原一带的经济。三是可以满足军需，巩固国防，树立朝廷的权威。四是通漕运后，商贾往来，可以促进全国的经济交流与发展，为国生财。考虑成熟后，他奋笔疾书，写成了《遗元载书》。在信中他向当朝宰相元载详细汇报了恢复漕运的好处与存在的困难，特别是旗帜鲜明地表达了誓通漕运的决心："见一水不通，愿荷锸而先往；见一粒不运，愿负米而先趋。"

改漕运推行五策

宰相元载收到刘晏的来信和奏折后，深为刘晏踏实的工作作风和誓通漕运的决心所折服，认为刘晏的思路切实可行，他即刻将奏折呈送皇帝李豫，并奏请代宗皇帝同意，将整顿漕运之事尽委刘晏办理。李豫对刘晏也很信任，于是下了一道圣旨：“凡漕运之事，皆听江淮、河南转运使刘晏调遣。”有了这道圣旨，刘晏就有了充分展示其才华的机会，他可以放心大胆地对漕运制度进行改革了。通过一路的调查和到扬州后与官员们的会商，刘晏对如何整顿漕运已胸有成竹，现在皇帝下了圣旨，他更加充满信心。经过深思熟虑，他提出了漕运改革的五条计策。

一是改民运为官运。过去的漕运，是由州县衙门委托富户督办，这些富户被称为“船头”，由“船头”组织船工运送漕粮。按唐朝的规定，21岁至60岁的男丁每年都要服徭役20天，这些徭役很多都是充当船工。老百姓法定期限内服徭役都是无偿的,也就是说，漕运船工的劳动都是无偿劳动，这些船工不仅没有报酬，而且还要受“船头”的气，因此，没有人愿意干漕运船工这种苦差事。另外,由于服

唐代宗像

徭役的时间由官府决定，因而“水漕陆挽，方春不息，劳人夺农，卒岁何望？”，劳役耽误农时，影响农业生产，给百姓带来了无穷的苦难。鉴于此，刘晏决定将漕运由过去的民运改为官运，由官府直接造船并雇佣船工负责漕运，以免影响农民种田。

二是实行水路直达运输。漕运路线的起点是扬州，终点是长安。长江以南及长江中游的漕粮运到润州集中后，润州至扬州段实行的是陆运，车载牛拉，人力背挑，运输里程远，劳动强度大，运输速度还极为缓慢；在黄河段，为了避开三门险峡，朝廷在三门峡东西两端设置东仓和西仓，漕船行至三门峡下游便停泊靠岸，粮食起船进入东仓储存，再经陆路转运至西仓，起船、进仓、出仓、上船，不仅运输时间长，而且劳动强度大，还浪费惊人。刘晏认为，李齐物凿山开渠后，漕船可以通过三门峡了，只要选择适当的时机，打造坚固耐用的船只，配备坚韧的纤索，漕船完全可以安全地通过三门峡。他决定，打造特制的、坚固耐用的漕船，选用上等的原料制作纤索，润州至扬州实行水路运输，长江中游的江船直达扬州，黄河水道漕船直接通过三门峡，漕粮一律实行水路直达运输法。

漕船粮食安全地通过三门峡(《唐朝理财家刘晏》)

三是实行分段运输。唐代的漕运在安史之乱以前实行的是直运法。江淮的漕船每年二月至扬州，四月后才进入淮河、汴河，这个时候常常是水浅的时候。因此直到六七月份漕船才能到达黄河与汴河交界的河口。而这时又适逢黄河水猛涨的时候，漕船难以航行，只好停泊靠岸，以等候时机。直到八九月份黄河水势下落时，漕船才能进入黄河到东都洛阳。漕船从江南至东都洛阳，停留的时间长，行走的时间短，一次漕运行程要花大半年的时间。由于江南的船工、河师对黄河水道不熟悉,还要请熟悉黄河水道的河师、水手导航和驾船，无形中又增加了运输费用。经过对漕运路线的详细考察，刘晏分析了过去直运法的弊端，决定采用唐初采用过的分段接运办法，将漕运全程重新分为四段。第一段：扬州—邗沟—淮水—清口；第二段：清口—汴河—河阴；第三段：河阴—黄河—渭口（渭河入黄河之处）；第四段：渭口—渭河—长安。

因为每段的水文条件不同，刘晏对每段运输采用不同的漕船，江船不入汴，汴船不入河（黄河），河船不入渭。每一段的粮食按段分地储存，江南运来的漕粮集中在扬州，从汴河运来的漕粮集中在河阴,从黄河运来的漕粮集中在渭口，用渭河上的漕船运来的漕粮集中在太仓。为此,在各段河道的入口处：扬州、清口、河阴、渭口4个地方设立粮仓。运完一段,粮食就起岸进入仓库储存，漕船就地回转，这样可避免旷日持久的等候，等河水深浅适合行船的时候，再由下一段的漕船转运。在等待的这一段时间，粮食入库保管，不但减少船工等待时的消耗，还可减少偷盗损失。邗沟、淮河、汴河、黄河、渭河水势不同,实行分段而运，各段的船工都熟悉本段的航运条件，这样就能确保漕粮运输的安全。

四是全面推行囊运法。实行分段运输后,漕粮起船、装船次数频繁,按照过去的散装法，容易漏撒，造成粮食损失。为了方便装卸，减少损失，刘晏发明了“囊米法”，全面推行袋装运输。袋装运输还有一个好处，遇到河水太浅时，可以让人背着粮食走，过了水浅处再用船运。而且如果因为水急翻了船，袋装的粮食打捞上来晒干后也可继续食用，不至于像散装那样落了水就荡然无存。

五是漕运劳力实行雇佣制。安史之乱以前从事漕运的船工同官营手工业一样，也是由服役的老百姓充任，老百姓作为义务劳动没有收入。刘晏认为，徭役是一种强制劳动，劳动者没有积极性，而雇佣制则体现的是买卖双方平等互利的关系,可以最大限度地调动劳动者的积极性。于是，在充分调研的基础上，他决定将造船工匠和漕运船工的用工制度，由无偿的徭役制改为有偿的雇佣制，对船工给付工钱。充当船工的百姓可以得到一定的佣金，服徭役成为老百姓的谋生手段之一。这样既调动了劳动者的积极性，又提高了造船和漕运的工作效率。

漕运五策是刘晏在对运河漕运的现状及存在问题深入调研与分析的基础上提出来的，贴近实际，针对性强，充分体现了他的治漕理念，对唐代后期运河漕运的恢复发挥了重要作用，也极大地推动了大运河作用的发挥。

保漕运设计新船

改革漕运的措施确定了，就要一一实施。第一件事就是要造新船。漕运靠船，漕运由民运改官运后，官府必须有自己的船。扬子县（今扬州西南部）是著名的造船基地，当时很多大船都出自扬子县。刘晏派部下李若初在扬子县筹建了10个造船厂，制造大小不同、能适应各种水势和具有特殊结构的各类运船。李若初招揽了大批工匠打造漕船，并对工匠实行雇佣制，以调动劳动者积极性。

漕运是国之大计，漕运的船必须既经久耐用，又能保证行船安全。为适应长江、淮河、黄河、汴水大小不同的水力，他让工匠专门设计制造了不同的漕船，用于不同河道的漕运。汴河上的船叫歇艎支江船，这种船船体肥阔，船平舱浅，载重量大，吃水浅，便于装卸。这种船共造了2000艘，每艘载重一千石。黄河浪急，尤其是三门峡险滩（即砥柱）旋流暗石，影响

古代造船工厂的船模

行船安全，刘晏让人设计了善抗风浪的上门填阙船，这种漕船坚固耐用，经得住碰撞，而且吃水不太深，这样不易撞到暗礁，能够抵抗黄河的深水急流，对三门峡水底暗礁密布的航道也能适应。在造新船的同时，刘晏让人从巴蜀等地调运大量的竹子和麻皮，制作成坚韧耐用的纤绳用于拉纤，以保证漕船逆流行船时的安全。

不久，新船完工，刘晏在扬子县的船厂亲自主持，举办了隆重的新船下水仪式，新船一次性同时下水。这些船坚固耐用，可用二三十年。扬子船厂前后一共造出了2000艘歇艎支江船，成为唐代后期运河漕运的主力军。

通漕运借兵疏河

有了合格的漕船，漕运还需要通畅的河道，特别是汴河段，受黄河泥沙的影响，过去经常淤塞，需要出动河工清淤疏浚。由于安史之乱的影响，漕运停滞，汴河清淤的事无人过问，造成泥沙沉积，河床淤塞，千里河道成了浅水滩，漕船不能在汴河上航行。刘晏派属下张判官赴河南，主持疏浚汴河的事宜。但因为清淤工程量大，河工不足，工程进展缓慢。

刘晏曾担任河南尹，对河南一带情况比较熟悉，于是他找到现任河南尹杜子中，对他说漕运如果通了，不仅能给河南带来粮食，而且会带来商贾云集、人口增加、生产发展的繁荣局面，请河南加派民工突击对汴河清淤。杜子中立即下令：河南所有的男丁，只要能动的，都得出河工，集中力量清淤。

接着，刘晏又来到驻扎在泗州的河南副帅李光弼的行辕，向李光弼求援，请他派士兵参加开汴河，押运漕粮。当时，李光弼正在为军粮不继的事犯愁，听说江淮转运盐铁使刘晏求见，立即与刘晏会面，听刘晏说疏通运河可以保证军粮供应后，他立即答应了刘晏的请求。不但派士兵参与清淤，而且拨出士兵参与护卫漕船。有了军士的援助，加上河南尹发动了大批劳力，汴河清淤工程进展很快，只用了不长时间汴河就全线畅通。漕船

泗州段运河

从清口可以一路畅行到河阴。

为了防止沿途驻军和土匪抢劫漕粮，刘晏合理地组织了漕运船队，漕粮从扬州开始转运时就编成队伍，十船为纲，每纲300人，篙工50人，这样人多势众，小股的土匪根本不敢袭击船队。同时，从扬州出发就派军队护送，一直到河阴，这样充分保证了沿途漕运的安全。大批漕粮运抵京师，从根本上扭转了京师地区粮食匮乏的局面，长安的米价也渐趋稳定。河洛地区的经济也随着漕运的恢复复苏起来。

漕运的恢复也带来了一个新的问题，那就是因为官运带来了漕粮运输费用的增长。为了解决漕运的费用空缺，刘晏利用身兼盐铁转运使的优势，将盐利由宦官控制的左藏库转到户部控制的内库，以盐利补充漕粮运输的费用。这样不但弥补了漕粮运输费用的不足，而且这笔钱还可以直接用于补充边关的军饷，得到了军队的支持。

经过一系列的漕运改革，刘晏重续了漕运这条唐王朝的生命线，国之命脉大运河又重现生机，改变了自安史之乱以后漕运的中衰现象，使漕运又恢复了每年100万石的规模。江淮物资源源不断地通过大运河运到长安，有力地支持了唐朝与藩镇的战争，延续了唐朝的辉煌。

第四章　改革盐政稳民心

勤政楼刘晏论财

修复纵贯千里的大运河，成功地恢复漕运，让饱受战争破坏的唐帝国经济得到了部分恢复，刘晏成了朝廷的功臣，朝野上下看到了刘晏理财方面的才能。特别是代宗皇帝觉得刘晏是个不可多得的人才，于是在勤政楼召见了刘晏，全面探讨国家财政问题，以进一步了解刘晏的理财思路，更好地用其所长。

李豫对刘晏说，停滞多年的运河漕运得以恢复，从根本上扭转了京师长安严重缺粮的局面，而且还带动了洛阳一带经济的发展，你刘晏为振兴大唐经济立下了功劳。京师严重缺粮的矛盾虽然缓解了，但朝廷财用匮乏的问题仍然存在，请你帮助朝廷想想办法。刘晏认为，大唐帝国历经数年战乱，国库积蓄消耗殆尽，开辟财源是当今第一要务。然而，国家赋税征收已有具体规定，不宜新开征税项目，这样会加重百姓的负担，造成民心不稳。国家理财，当以养民、爱民为先，想方设法多开辟财政资源是可以的，但也不能竭泽而渔，榨干了老百姓。要通过增加全国人口，发展生产来培植税源。因此建议在国家财政管理中引入商业经营的方式，以此来增加国家财政收入。可以选择老百姓日常必需要用的东西来征税。他分析道，因为这些东西是每个人的生活必需品，不容易找到替代品，而且对这类商品加价，不会导致需求量的减少。具体到每个人身上，消费量虽然有限，但因为人口基数大，集中起来就是一个较大的数额，通过对这类物品收税，可以获得充足的财政来源。春秋时齐国的管仲通过盐铁专卖，获利很丰厚，帮助齐桓公成就了霸主之位；汉代桑弘羊对盐铁实行专卖，增加了朝廷的收入，为汉武帝抗击匈奴奠定了物质基础。如果朝廷对食盐这类生活必需品征税，不论贫富，人人都要承担这一笔隐蔽的税收，大家也不会认为是增加老百姓的负担。这样要比强制性的增加税收科目和比例容易实

桑弘羊像

小贴士：桑弘羊

桑弘羊（前155—前80），西汉时期政治家、理财专家。桑弘羊出身商人家庭，13岁时以精于心算进入宫中。历任侍中、大农丞、治粟都尉、大司农等职。自元狩三年（前120）起，先后推行算缗、告缗、盐铁官营、均输、平准、币制改革、酒榷等经济政策，同时组织60万人屯田戍边，防御匈奴。这些措施大幅度增加了政府的财政收入，为汉武帝继续推行文治武功事业奠定了雄厚的物质基础。后元二年（前87），汉昭帝即位，桑弘羊迁任御史大夫，与霍光、金日磾等同为辅政大臣。始元六年（前81），盐铁会议召开，权臣霍光利用民间贤良文学指责盐铁官营和均输、平准等政策“与民争利”，桑弘羊与之展开辩论。在他的坚持下，除改酒类专卖为征税，其他政策沿袭不变。元凤元年（前80）九月，桑弘羊因与霍光政见发生分歧，被卷入燕王刘旦和上官桀父子的谋反事件，牵连被杀。

施得多。

听了刘晏的这番高论，代宗皇帝认为很有道理。经过与宰相元载等左右大臣商量，第二天就任命刘晏为户部尚书。同时将天下财赋分为东、西两个区，任命刘晏、第五琦为理财大臣，分别主持两个地区的财政经济工作。这种以判度支和转运使为首的财政分区管理体制，奠定了唐代后期财政管理机构的基础，此后的军国之用，都由判度支和转运、盐铁两使负责供给。

创新法商运商销

刘晏升任户部尚书，主持东部地区的财政经济工作后，管辖的范围更大了。由于全权负责东部地区的财政经济工作，他有精力来通盘考虑整个东区的经济，放开手脚实施他的改革计划，他的第一项措施就是改革盐政。

唐初，沿用隋朝制度对食盐或征税或不征税，当时实行比较宽松的盐业政策。后来随着整个社会经济结构、政治状况和财政需求的变化，盐业政策也随之相应变化。唐代的产盐区很多，有池盐、海盐、井盐三大类，刘晏主管范围内的江淮地区靠近黄河，有大量的滩涂，自古以来就是海盐产区，产量最大。汉代吴王刘濞就曾在这一带煮海为盐，并且还开辟了一条从沿海产盐区直通扬州城的运盐河。唐初官府对食盐实行开放政

白塔村老通扬运河

策，允许私人自由生产、销售，与其他商品一样只缴纳市税，不缴纳特别税。安史之乱时，颜真卿在河北抗击叛军，为筹集军饷，对食盐进行专卖，收到了较好的效果。后来，户部侍郎第五琦实施食盐专卖制，实行民制、官收、官运、官卖，收到了一定的效果，但由于官府要包揽食盐产供销的全过程，各个环节都要有官员管理，造成设置的盐官太多，官吏的俸禄支出太大，一定程度上冲抵了财政收入。第五琦罢官后，朝廷又派豪吏督办盐政，盐户不堪其扰，使得食盐专卖制的矛盾十分突出。

刘晏上任后，立即赴东南地区进行调研，以摸清旧盐政的弊端，提出切实可行的改革方案。在铜陵县（今安徽铜陵市），刘晏了解到大私盐贩子垄断市场，横行乡里，欺行霸市，一般小盐户深受压迫。而盐吏与大私盐贩子勾结，对老百姓敲诈勒索，百姓深受其害。同时，由于食盐官卖，雇佣的人员太多，仅铜陵县一年支付官吏俸钱等费用就占了食盐收入的六成以上，因此国家财政在食盐专卖上并没有获得多少利益。

了解到第一手资料后，刘晏决定对盐政进行改革。刘晏认为，第五琦实施的食盐专卖，为国家财政做出了一定的贡献，但官员越多，人民受到的干扰与压榨就越多。因此，他大力整顿盐政，缩减盐务机构，只在产盐的地方设置盐官，以便收购和转卖给盐商，罢除了其他州县所设的盐官，政府主要掌握收购和批发来取得盐业控制权。同时，官运官销，盐吏硬性摊派，压榨盐户，官商勾结，私盐大行其道，对老百姓的伤害很大，也不利于国家的赋税增长。于是，刘晏起草了一份奏章上呈给皇帝，详细分析了旧盐政的弊端，并提出了自己的改革方案，很快得到了代宗皇帝的批准。

新的盐政改革方案包括机构体制改革和专卖制度改革两个方面。旧的机构体制，从中央到地方，普遍设置盐官，机构庞大，费用开支太高，冲抵了盐业收入。盐政改革，首先需要精简机构，裁撤冗员，清除贪官污吏。新的方案是在出盐的州县才设置盐官，其他州县不设置盐官。盐政机构设置为十监、四场、十三巡院。十监主要设置在产盐较多的地区，四场一般设置在运输方便的地方，如运河边的重要城市扬州、楚州（今淮安）、吴州（今苏南一带）、越州（今绍兴一带）等，作为官盐的集散地，负责官盐的储存、中转和销售。而十三巡院负责食盐缉私，设在扬州等漕运枢纽之地，以确保刹住贩私盐之风，让官盐畅通无阻。

专卖制度的改革，主要是废除食盐完全专卖制，实行就场专卖制，商运商销，官府撤出食盐的零售领域，食盐零售或小额批发，都是完全让商人去自由经营。在保证国家对食盐的垄断地位的同时，将官商从流通领域撤出，将私商引入食盐流通环节，利用商人的经验和资金，搞活流通，搞活市场。同时，也减少官府的行政支出，增加财政收入，从而构建了一个全新的食盐销售网络，形成了全新的盐政管理体制。

总结起来，刘晏实行的新盐政是民制、官收、商运、商销，这一政策的实施有效开辟了财源，增加了财

小贴士：榷盐法

榷盐法是唐代中叶对食盐就场专卖的制度。唐代食盐专卖始于肃宗，乾元元年（758）唐肃宗任命第五琦为盐铁铸钱使。第五琦制定了榷盐法，规定食盐由亭户生产，所产之盐全部由官府统一收购，再由官府运到全国各地加价出售以牟取巨额利润，来增加政府的财政收入。盐户制盐立户籍，称亭户，国家免去亭户的徭役，所产的盐均由官府收购、运销，不准私买。宝应元年（762），刘晏在食盐专卖制度上，作了一系列的改革。一是改民制官收、官运官销的完全专卖制为民制官收、商运商销的就场专卖制。对第五琦创设的专卖政策进行了改革，将官运官销予以废除，创立了民制官收、商运商销的通商法。后来，刘晏被冤杀后，这种制度逐渐废弃。

政收入。一是节约了官府支出，机构改革后，冗员裁减了，费用支出减少了，就等于增加了收入。二是开辟了新的财源。官府统一收购盐户出产的盐，在向商人销售时，加入每斗盐十文的税收，寓税于价，食盐销售到哪里，盐税就征收到哪里，国家取之于无形，财政收入增加了。三是流通环节商户的加入，扩大了食盐的销售，也带动了食盐的生产，从而增加了国家的财政收入。刘晏的盐政改革，确立了商运商销的新规，就场专卖制度的实行，在食盐专卖史上开创了一个新的时代，在中国经济史上也有一定的影响。

新盐政利国利民

唐代的扬州是东南最大的都会，重要的漕运枢纽。特别是安史之乱后，全国经济重心南移，扬州更是贸易繁荣，商贾如织。新的食盐专卖政策实施后效果如何，老百姓有什么反应，刘晏决定去扬州看看。扬州巡院由以家学礼法著称于世的殿中侍御史、佐盐铁转运使穆宁担任知院官，他在扬州积极配合刘晏的盐政改革，而且设置专职招商官，将昔日的盐商和想经营食盐的商人，招引到食盐流通的生意上来。刘晏来到扬州后，十分赞赏穆宁的做法。两人走上街头了解情况，发现一批过去经营食盐的商人跃跃欲试，争相在食盐销售环节一展宏图。有些盐商已转行做丝绸等生意了，如今听说新的专卖制度是商运、商销，官府撤出了零售环节，将零售完全交给商人，于是纷纷筹钱入市，以抢占市场先机。

蜀冈上的唐代子城遗址

但新盐政实施不久，十三个巡院就不断收到盐商们的投诉，反映的都是同一个问题，相关道、州、县处处设卡，向过境的食盐零售商人强收过境税、埭程税、落地税等名目繁多的杂税，甚至各地驻军也向盐商强收过境税。本来按新盐政，官府在向商人批发食盐时，已加入每斗盐十文的税收，零售商人不需要再缴纳其他税。这样重复收税，造成盐商不堪重负，叫苦连天。盐商如果要转嫁负担，就要在食盐上加价，老百姓也会怨声载道。

刘晏经过向各个巡院核实，发现这是个普遍性问题，必须赶紧解决，于是连夜起草了一份紧急奏章呈送代宗皇帝，提出“罢州县率税，禁堰埭邀以利”，禁止地方官吏和军队对过境食盐剥削加税。理由是商人购盐价款中已含有流通税，因而地方所加之“过税”，实属额外征收。皇帝很快批准了这一奏章，向全国发出禁令，禁止州县和军队向盐商收取名目繁多的杂税。从此以后，新的食盐制度逐步走上正轨。

代宗大历三年（768），经过两年多的盐务改革，东南盐政已初步走上了轨道，江淮盐利收入由两年前的40万贯，增长到150万贯，出现了历史性的跳跃。但随着食盐销售的增加，又出现了一个新的问题，由于安史之乱后，唐王朝国库币藏空虚，国家又实行了通货紧缩政策，导致流通中的货币不足，商人很难拿出足够的铜钱来购买食盐，只好拿手中的绢帛去换钱，然后再拿这些钱去购买食盐。刘晏经过调查发现，大历年间货币供应数量渐渐不足，商人买盐日渐困难。于是他规定盐商在官场购盐，可以通过纳绢代钱，同时政府把绢价外加十分之二，以鼓励商人通过纳绢买盐。这一办法实施后，通过以绢代钱购盐的办法，将盐利中的一部分直接用于军队服装的制作支出，也及时保证了军队的后勤供应，得到了军队的拥护。

天下赋盐利居半

随着东南地区食盐产量的增加，仓储不足成为一个新的问题。刘晏考虑到一定要将刚刚增长的食盐产量维持住，增加国家食盐储备，以备不时之需。于是他下令吴、越、扬、楚四大州的盐场，在交通要道广置盐仓，将盐民所生产的食盐全部收购上来储存在盐仓中。十大盐监也要设置相应的仓库，储存自产的食盐。如果遇到哪里食盐脱销，各盐场要将所储之盐及时调运过去，确保市场食盐供应。这一政策的实施，使得吴、越、扬、楚四州的储盐仓库达到数千座，储存的食盐达两万多石，为市场食盐应急工作准备了充足的仓盐。刘晏的这项应急措施，在当年秋天就派上了用场。

大历三年（768）秋，本来是西北地区制盐的季节，但西北地区却普降大雨，而且降雨量之大上百年不遇。整个西北地区的盐池全被暴雨冲毁，大部分盐场被迫停产，过去一向依靠西北盐场供应食盐的京师长安及周边地区，食盐市场立即就作出了剧烈反应。食盐价格飞涨，有些盐行因无盐可售而关门，

盐商祭祀盐业祖先的盐宗庙

市场上掀起了一股抢盐风，老百姓人心惶惶，西北地区的财政官员们也是一筹莫展。

西北地区的盐政是由第五琦负责的，他和刘晏是分区而治。但刘晏了解到西北地区的食盐短缺状况后，立即向皇帝上奏：“臣所管辖的东南地区建有数千座仓库，食盐储备充裕，足可以应付各种天灾人祸对食盐市场带来的冲击。”正在为市场缺盐发愁的代宗皇帝一听大喜过望，立即调运江淮海盐三万斛，以解京师之急。刘晏领旨后，用六百里加急发函到吴、越、扬、楚四州的盐场，要求他们30天内急调3万斛食盐到京师救急，同时要求漕道衙门紧急征调30条漕船运输食盐。这时经过刘晏整修后畅通的大运河就发挥了重要作用，经过刘晏的调度，3万斛食盐在短短30天内就通过大运河运到了京师长安，及时缓解了京师食盐紧张的问题。

有了这次成功的实践，刘晏更加体会到食盐储备的重要性。不久，刘晏接到扬州巡院知院官穆宁的报告，说根据扬州巡院掌握的食盐市场价格，两淮地区每斗盐170文左右，河南一带为200文左右，但岭南一带因为地处偏远，运输困难，大多数盐商不愿意去，盐价达到300至500文一斗，老百姓因无力购买食盐，只好吃淡食。

盐宗庙供奉的三位盐宗

了解这一情况后，刘晏让属下立即通知各道巡院，在偏僻的地方多造盐仓，调运食盐储存到这些仓中，称为常平仓，所储存的食盐就叫常平盐。当商人哄抬盐价时，官府立刻卖常平盐，控制盐价。而当商人竞相降价时，官府即乘机收购食盐藏于常平仓，以调节盐价。从上可看出刘晏在以商运商销为主的同时，仍然保留了官营商业稳定市场价格、调节物资余缺的职能。

有人对常平仓的做法提出质疑，认为这有悖于食盐商运商销的原则。刘晏却认为，尽管朝廷实行食盐商运商销的制度，但并不意味着放任市场不管，政府对市场

盐文化展示

价格还是要有一定的指导，也要对食盐的供应进行调剂。如果商人正常经营，没有囤积居奇，哄抬物价，朝廷就不需要加以行政干预。如果有人乘机哄抬物价，朝廷就不能不闻不问，坐视不管，造成老百姓利益受损。采用常平仓的食盐平抑市场价格，而不是采取强制手段规定食盐价格，目的也是为了保证市场供应与价格稳定，保证老百姓的生活。盐政改革后，国家的盐利收入明显增加，百姓用盐更加方便，史书上称之为“官获其利而民不乏盐”，真可谓一举两得。其实这就是我们今天所说的有计划的市场经济，在封建社会就能够实施这一积极的财政政策实属不易。

刘晏对食盐制度的改革，开启了中国古代食盐专卖的新时代。这一制度有两个值得后世学习的地方，一是国家牢牢控制住食盐的货源，垄断了食盐的第一道批发环节，尽管在零售环节实行商运商销，但并没有放弃对零售环节的管理，盐商只能在政府规定的范围内从事正常的运输和零售活动，不能牟取暴利。二是通过精简

设立在扬州的两淮盐运使司衙署遗址

机构，裁汰冗员，将官运官销改为商运商销，节约了一大笔行政开支。同时也调动了商人的积极性，带来了盐业生产的大发展，食盐的销售数量扩大了，市场价格稳定了，整个社会商品流通活跃了，人民生活也得到了安定，国家财政收入显著增加。到大历末年（779），东南地区的盐利收入达到了600万贯，而当时唐中央政府每年的财政总收入才为1200万贯，也就是说，东南地区的盐利收入达到了唐王朝财政收入的一半。刘晏对盐政制度的改革，取得了不凡的成就，这也使他成为继管仲、商鞅、桑弘羊之后，中国历史上又一位当之无愧的理财家、改革家。

第五章　为国理财谋中兴

常平法调剂民食

经过刘晏的漕运改革和盐政改革，形成了以漕运与盐政双引擎为支撑的唐朝中后期财政体制，使代宗时期形成了一个小中兴的局面。但因为藩镇割据严重，地方赋税多被藩镇截留，从整个国家财政形势看，仍然是入不敷出。于是代宗皇帝李豫找来刘晏、第五琦这两位理财大臣一起商量如何进一步增加税收。针对第五琦提出的提高税率的建议，刘晏认为，理财之道，在于开辟财源，但也不能一味增加老百姓的赋税，如果一味从老百姓手里掏钱，无异于杀鸡取卵，竭泽而渔。可以借鉴这几年在盐政改革中使用的常平仓的做法，利用常平之法来理财。

代宗皇帝认为刘晏说得很有道理，于是决定让刘晏在财政体制中实施常平法。刘晏回到自己的官衙后，

小贴士：常平法

常平法是我国历代封建政府通过吞吐物资以稳定市场价格的经济措施。最初由汉宣帝时的大司农耿寿昌所创，做法是设置仓库用以储存粮食，“谷贱时增其贾而籴，以利农，谷贵时减贾而粜”，借以平抑市场价格，这些粮仓就叫常平仓。桑弘羊在常平仓的基础上又辅之以平准、均输，逐渐形成了一个庞大的官营商业网络。隋文帝始设义仓，在收获时向民户征粮积贮，以备荒年放粮。唐初，设义仓和常平仓，后改称常平义仓，并从中央财政拨出资金用于常平之本。安史之乱后刘晏实行常平法，唐政府获得了大利，并在一定程度上稳定了各地的物价。以后的宋、明、清三朝，常平法成为封建王朝为防止粮价过分波动而影响其统治的巩固采取的一项财政政策。

立即就与左右助手商量实施常平法。刘晏分析，如今漕运全线贯通，盐政也步入正轨，政府工作重点要转移到整顿常平仓这方面来，通过常平仓来调剂民食，稳定粮价。具体做法是谷物价格低时将常平仓的粮食加价销售来保证农民的利益，谷物价格高时，将常平仓的粮食减价卖出以保证消费者的利益。

助手李若初考虑到东南地区地域辽阔，各地情况又复杂多变，市场价格瞬息万变，为了抢抓商机，建议将粮食买卖的权力交给各个道和巡院，让他们根据市场实际情况来自行决定买卖的价格。李衡则提出，常平仓的收储和放粮价格还是要由国家统一调度。刘晏综合大家的建议，提出了一个方案，就是令产粮区将本州县此前数十年的粮食产量与价格搜集起来，按数额高低，价格贵贱分为五等，上报巡院议定后，作为各地收粮数量的依据。各地只要根据当时粮价的高低来确定收储量的多少，价越低，收储量越大，价越高，收储量越小，不需要再层层上报，以及时收储与卖出，这样就可以避免错过最佳的收储卖出时机。同时朝廷也要加强宏观调控，根据各地粮食丰歉情况，价格高低情况，按照避贵就贱，取近舍远的原则，综合确定各地粮食的收购量，统筹调节市场价格。

为及时了解各地的市场物价，刘晏还招募了一些善于行走的人，遍置于各地的巡院传递消息，各地虽距京城很远但各地物价的贵贱，京城顶多四五天就能知道，价格涨落尽在朝廷掌握之中。由官府调节物价，消除了以前过贵过贱的忧患，政府和人民都能从中获得利益。

让全国物价不会大起大落而保持平稳，有了这个快速的通信网络，刘晏自称如同看见在全国流动的钱，这也可能是我国最早的财政运行网络图。

整顿常平仓的实施方案颁布后，各地粮价逐趋稳定，而政府通过粮食的调剂又获得了较多的财政收入。接下来，刘晏又着手对地税、户税进行改革。整顿户税的改革内容包括：加重官僚大户的户税，减轻一般商贾的户税，规范流动人口的纳税行为。整顿地税的政策有提高地税征收标准。尽管这一定程度上也增加了老百姓的负担，但因为土地主要集中在少数富人手中，客观上是提高了富户的赋税支出。这样，刘晏通过一系列的改革措施，极大地稳定了朝廷的赋税收入。

解蝗灾漕运救荒

大历四年（769）唐朝的京师长安周边再次出现严重的蝗灾，飞蝗遮天蔽日，草木树叶全部被蝗虫吃掉，老百姓纷纷出动扑杀蝗虫，但仍无济于事。代宗皇帝召集大臣们商量如何救灾。户部侍郎韩滉提出建议，让灾区各州县开仓放粮赈灾。但刘晏认为，开常平仓放粮赈

小贴士：韩滉

韩滉（723—787），是唐朝中期政治家、画家。唐玄宗天宝年间，韩滉以门荫入仕，历同官主簿。至德元年（756）避地山南，历山南节度判官等。乾元二年（759），入朝任殿中侍御史，累迁尚书右丞。大历六年（771），任户部侍郎判度支，与刘晏分领诸道财赋。大历十四年（779），改任太常卿，又出任晋州刺史、镇海节度使、浙江东西观察使等职。泾原兵变时，韩滉训练士卒，保全东南地区；又转输江南粟帛，供应朝廷，深受唐德宗信任。贞元元年（785），入朝加同平章事，正式拜相，兼江淮转运使。次年封晋国公，不久后去世。

灾并不可行，一是灾区州县的常平仓刚刚设立，形同虚设，并没有多少储粮。即使有一定的储粮，常平仓的粮食是用于稳定市场，平抑粮价的，也不能用来赈灾。如果用来赈灾，常平仓又要回到过去有名无实的老路上。为了解决眼前的蝗灾，他提出了三条救荒之策，一是开放义仓用以救济灾民，二是减免灾区老百姓的赋税，三是向灾区投放大量平价粮食。其中第三条措施是最主要的。刘晏认为，受灾的地方虽然粮食没有，但老百姓手中其他物产还在，朝廷在受灾地区平价出售大量的粮食，允许老百姓用土特产换粮，朝廷将这些收购的土特产运到其他地方出售，可以增加财政收入，也可以留着国家所用。这样，不需要从国库拿钱就能解决灾民缺粮的问题，可以避免单纯消极的财政赈灾使国家财政耗费不起的弊病，有效减轻财政的压力。

至于平价粮怎么来，还是出于常平仓，但不是出于灾区州县的常平仓，而是出于东南地区存粮丰富的常平仓。在东南地区粮食未运到京师地区前，先用附近的太仓、东渭桥仓的粮食供应京师，待东南地区漕粮运到后，再补充这两个仓的储存，同时，国家还要建立一套完善的救灾制度。

代宗皇帝认为刘晏的救荒三策切实可行，于是颁布御旨让刘晏拟一个完整的赈灾方案报批。同时，令第五琦尽快拿出准确的灾情数据给刘晏，以便安排从东南地区调运漕粮赈灾。这时经过刘晏整顿后的运河漕运就发挥了重要作用，东南地区常平仓的粮食一经调出，发达的漕运系统很快就能通过大运河将粮食运往关中地区。经过第五琦和刘晏两人的通力合作，东南地区常平仓的大批粮食，通过大运河漕运及时运到京师及附近的灾区，有效地缓解了京城的灾情。

主吏部精简吏员

复兴漕运、改革盐政、重置常平这三招的实施，让代宗看到了刘晏出众的理财能力与高超的从政素质。代宗于是决定再对刘晏委以重任，他让中书舍人常衮起草了诏书，任命刘晏为吏部尚书。吏部为六部之首，又称天官、冢宰，掌握朝廷文武百官的铨选拔擢之权，是

小贴士：六部

六部，是中国古代中央行政机构中六部的总称。据说从周开始，中央行政机构中，设有吏部、户部、礼部、兵部、刑部、工部各部。其职务在秦汉时本为九卿所分掌，魏晋以后，尚书分曹治事，曹渐变为部，隋唐始确定以六部为尚书省的组成部分。以吏、户、礼、兵、刑、工六部比附《周礼》的六官，秦汉九卿之职务大部并入。

朝廷最重要的官职之一。刘晏由户部尚书升任吏部尚书后，仍然主管东南地区的财赋，这也为他选拔任用优秀人才从事财政工作提供了便利。

刘晏担任吏部尚书后的第一条举措就是冻结各部及有司的人员编制，不再增加官员。这是从各部机构臃肿、人浮于事的实际状况出发，精简官员、节约财政开支的一条举措。与此同时，他公开招聘300位吏员到租庸使署。通过公开考试择优录用的这300人经过在租庸使署的培训后，迅速充实到盐铁使、转运使、租庸使、常平使所属的4个部门中，还有的补充到州县，执掌州县的财政经济，成为唐朝廷的理财骨干，全面加强了理财工作，有效增加了朝廷财政收入。刘晏的改革政策，为朝廷开源节流，不仅减少了财政开支，而且还强化了全国上下官员的理财能力，对巩固唐王朝后期的政治统治发挥了重要作用。但刘晏因为冻结其他各部的人员编制，使其他各部想借增加吏员牟利的官员利益受损，得罪了杨炎等一批朝臣和宦官，也为他后来蒙冤被杀埋下了伏笔。

惠通仓抛售积物

唐代税制实行的是实物税，百姓的赋税多以实物缴纳，所缴的实物都是当地出产的东西，地里产出什么就缴纳什么，赋税运到京师后，储存的实物仓库又分为粮食仓库和其他杂物仓库。储存粮食的叫太仓，而储存其他杂物的是位于长安城大北门的惠通仓。刘晏经常到基层调查。一次他来到惠通仓巡视仓库。司库对他说，仓库中有的物资已堆放了五六年，本来就是不值钱的东西，放的时间长了都已霉变，报损又没有获批准，放在这里又占了仓库的地方，左右为难。在查看一间存放竹篾货的仓库时，发现一些从岭南运来的竹篾货，路上走了数千里，运费远远超过它的价值，现在都霉变了，而在一间窑货仓库，刘晏发现虽然其中有的是细瓷，价值较高，但大多数是货

含嘉仓砖刻铭文（《话说中国》第九卷）

重价低的陶缸，都是从江南运来的，其运费已大大超过了市场价格。刘晏让司库将所存货物全部列成一个清单，标明从哪里运来的，价值多少。

唐代粮仓回洛仓

回去后，刘晏就召集相关人员商量，决定将惠通仓的积存多年之物统统清理出仓，拿到市场上变卖，变死钱为活钱，贴补国家财政。他还由此联想到东南地区赋税的缴纳与漕运。从惠通仓库存物品的状况看，从江南运抵京师的应税物品，很多是重粗贱弱之物，价值不高，难以大用。这些东西千里迢迢从江南运到京师，一路而来运河上的漕运费用已远远超过了它们的实际价值，还要建仓库储存，浪费了国家大量的人力、物力、财力。于是，刘晏决定，重新规定全国十道三百一十五个州府缴纳的物品，除锦、绢、布、麻、丝等纺织品和细瓷等价值较高、必须保证京师所用的物品外，其他重粗贱弱的物品，没有必要运到京师来。因为用漕船运送这些粗重物品到京师，还不足以补偿一路上的运费。不如将江南地区收上来的这些物品在扬楚等地销售，或换成钱，或换成铜、铅等金属。对换上来的金属，可以在当地设炉雇工铸造铜钱，用于国家流通。刘晏的这一政策是漕运改革的延续，既减轻了漕运体系的负担，提高了大运河的运输效率，节省了京师的仓库库容；又充分利用了地方向国家缴纳的杂物，增加了市场上的货币流通量，补充了国家的财政收入，一举多得。

减漕粮以市轻货

大历八年（773），这一年风调雨顺，关中地区获得了大丰收，农民们欢庆丰收带来的喜悦，但不久却转喜为忧。因为粮食丰收，带来了粮价低贱，农民的收入降低，谷贱伤农，农民的粮食卖不出去，满街都是卖粮的农民，但就是无人问津。刘晏向皇帝建议，必须解决这一问题，让农民从丰收中得到实惠，否则将会民心离散。皇帝同意了刘晏的方案：政府出资收购农民手中的粮食。其实这就是常平之法，谷贵时减价卖出粮食，以利民；谷贱时增价买入粮食，调剂民食，调节粮食市场价格。但要放开收购长安附近农民的粮食，就需要大量的资金，同时还要有足够的仓容。刘晏又实行减漕10万石以解决仓容不足问题。按往年常例，东南地区向京师运输漕粮40万石，最高年份漕运达上百万石。今年因为京师地区丰收，减少东南地区10万石漕运的粮食，这样就可以空出足够的仓容，收购京师地区农民手中多余的粮食。同时，各地也可以利用运河漕运量减少的时机，对运河的闸坝、水次仓等设施进行维修，以提高运河的使用效率。

至于收购农民手中粮食需要的铜钱，由负责漕运的转运使司和判度支分别出资，弥补资金空缺。因为东南地区减少漕运，运费一项就可省出不少的铜钱，可以调度作为粮食收储费用。但这样又带来了另一个问题，由于漕运的粮食是实物租赋，东南地区的粮食收缴上来，不运到京师就会加重当地的仓容负担。刘晏又出一计，令浙东、浙西、淮南、淮北等地将减少运输的十万石租赋以钱

唐代的打马球铜镜

扬州出土的瓷器

折纳，或将收上来的粮食在当地售卖。这样也可以补充京师地区收购粮食的费用。

但东南地区就地出售漕粮得到的铜钱要运到京师，路途遥远，漕船运钱既重又不安全。刘晏又想出一策，用东南地区减漕换来的钱，在当地采购丝绸、细瓷等重量较轻的物资，用漕船运到长安、洛阳等地。因为漕船成批运输运费比商船要低廉，在当地成批收购，价格也低得多。这些轻货到了长安、洛阳一带市场，立即成了抢手货，脱手就变成了钱，这样，解决了收购长安附近农民手中余粮的资金问题。同时，从东南地区采购手工业品，扩大了东南地区手工业品的销路，促进了东南地区手工业的发展，当时扬州的铜镜和瓷器制作都是全国闻名。随着东南地区手工业的发展，朝廷的税收也增加了，真正获得了一举多得的效果。刘晏出众的理财能力受到了朝野上下的交口称赞。皇帝李豫对他的评价更高，他称赞刘晏的理财之术不亚于春秋时的范蠡，超过西汉时的桑弘羊。

开财路以佐国用

汴河运道上，数十艘漕船浩浩荡荡地逆流而上，船上装着各种从东南地区运来的物资，有苏州的丝绸、杭州的绫绵、景德镇的瓷器、岭南的漆木器、扬州的文房四宝，都是各巡院在东南地区采购的。一些精明的商人也跟着漕船一起走，他们知道漕船有军队押送，沿途不会受到盗贼的侵扰，也不会有驻军拦截，可以充分保证运输的安全。这样，大运河上商旅来往，川流不息，运河上重要的枢纽扬州、洛阳等地更是舳舻千里，帆樯蔽日，大运河这条唐王朝的生命线又发挥起了支撑国家命运的重要作用，但这样和平安定的局面不久就被打破了。

运河漕运图

大历十一年（776）河南节度使李灵耀占据汴梁作乱。他不仅将河南道的赋税全部留置给自己用，不向朝廷上缴分文，而且公然在汴河运道上设卡拦截漕船，即使有军队押运的漕船也敌不过当地驻扎的大军，汴河的漕运被拦腰截断。漕运中断后，切断了京师的粮食供应链，京师的粮食只够供应三个月了。这样一来朝廷的生命线就断了，没有大运河输送新鲜血液，朝廷也维持不下去了。代宗皇帝慌忙召集大臣们紧急商量对策。

刘晏力排众议，提出建议分两步走，首先派重兵押运漕粮，恢复大运河这条京师供应的生命线，以稳定政局。第二是派军队平叛。但平叛需要大量的军费，而朝廷的税收重地河南道被叛军占领，税赋收不上来。本来朝廷财政就捉襟见肘，哪来这么一大笔军费？这时，刘晏又一次展现出他出众的理财能力。他提出先从盐利中拿出200万贯；另外前些年将东南地区的货物不运京师，而改在当地出售购买的铜、铅等物品铸造出的铜钱有40万贯；第三，这几年用常平法排商贾，制万物低昂，常操天下赢资，每年朝廷的收入也有70万贯，这些赢利也可以用作军费。这三项加起来达300万贯以上，足以用来支付军费开支。代宗皇帝一听，想不到刘晏为国生财的能力这么强，真是大喜过望，连忙降旨："朕命你从东南盐利之入，楚淮易货铸钱之入，常平之入中调集资金三百万贯用于军费。"有了军费支撑，朝廷很快派兵平定了叛乱。

叛乱平息后，官府的漕船和民间的商船又可以航行在运河上，京城的粮食得到了及时的供应。这样，靠着刘晏杰出的理财能力和运筹帷幄的决断力，大运河这条唐帝国的生命线再次恢复，唐帝国的国祚再次得以延长。唐代宗李豫当着众大臣的面表扬刘晏："卿，朕鄭侯也。"把他比作汉代"镇国家、抚百姓、供军需、给

小贴士：酂侯

酂侯是汉高祖刘邦赐给萧何的诸侯封号。萧何是刘邦的开国功臣，刘邦平定天下后，论功行赏，分封诸侯，因萧何在“镇国家、抚百姓、供军需、给粮饷”方面功绩卓著，定其为首功，封他为酂侯。酂侯国都城约在河南省永城市酂城镇，另一说法为其都城在今湖北谷城县固封山北（已没于汉水）。准许他穿鞋带剑上殿，并封了他的父子兄弟十多人。这样，萧何位列众卿之首，被称为“开国第一侯”。唐代宗称刘晏为酂侯，是说他在经济方面的才能堪比萧何。

粮饷”的开国功臣萧何，这个评价确实是高，但也真的是实至名归。

第六章　一代财相留美名

位高权重受嫉妒

刘晏因突出的理财能力受到皇帝的重用，身居吏部尚书之职，又兼任转运使、盐铁使等职，主管东南地区财政，取得了骄人的成绩。特别是大历十二年（777），在审理中书侍郎、同平章事元载以及黄门侍郎、同平章事王缙案件时，秉公而断，保住了与元载有关联的一批朝中大臣，在文武百官中声望越来越高。这就受到了另一些位高权重的人的嫉妒，特别是新任宰相常衮，心胸狭窄，怕别人抢了自己的位子。看到刘晏能力出众，皇帝重用，百官拥戴，心生妒忌，将刘晏视为自己的心腹大患，决定用宰相的权力来限制刘晏的权力。于是他以宰相府的名义发函到吏部，要求以后决定官员的提拔，一律以公议，以限制吏部尚书刘晏的权力。这样就引起了宰相府与吏部之间的矛盾。常衮暗暗搜集不利于刘晏的谣言，并派人散布出去。没过多久，京城就谣言四起，矛头都是指向刘晏，说他在任江淮租庸使时向京师运送贡品过程中，重金贿赂沿途关卡和地方官员；说刘晏买通四方名士为自己唱赞歌；还有说刘晏恃宠弄权，重金收买异己放弃对他的非难等。

眼看时机逐渐成熟，常衮就找了一个机会在代宗皇帝面前进谗言，说刘晏的坏话。但代宗对刘晏十分信任。他对常衮说：“自从刘晏任盐铁、转运使，主管东南财政以来，国家财政收入逐年增加，任命他为吏部尚书他屡次推让，这样能力出众又顾全大局的大臣在朝中实在不多见。你身为宰相，肚量要大呀。”常衮碰了一鼻子灰，知道刘晏在代宗皇帝心目中的地位不可动摇。于是又出一招，他对皇帝建议：“刘晏劳苦功高，德高望重，政绩出众，宜为百官之师表，臣奏请陛下，加封刘晏为尚书省仆射之职，统领百僚，以示嘉奖。”他这一计策本来是想明升暗降，让刘晏当上二品的尚书仆射这个虚职，不再担任吏部尚书及盐铁、转运等使的实职，以抢夺刘晏的财权和吏部的权力。代宗皇帝一听，心想刘晏任劳任怨，整顿漕运，改革盐政，使朝廷财政重现生机，确实应该嘉奖，于是准其所奏，加封刘晏为

小贴士：尚书仆射

尚书仆射（yè）是尚书省的副官，尚书令为虚职后，尚书仆射成为尚书省的长官，唐朝初年和北宋后期成为名副其实的首席宰相。而刘晏担任这个职位时只相当于二品的副宰相。秦代开始置这个官职时，这是很低阶的官员。汉成帝建始四年（前29），置尚书五人，其中一人为仆射。东汉置尚书台，主官为尚书令，尚书仆射为其副职。汉献帝时分设左、右仆射，历代沿置。魏、晋后，尚书令、尚书仆射号为“朝端”“朝右”，居宰相之任，成为贵官。隋朝高颎、苏威、杨素担任尚书仆射，尚书令长期空缺。唐初，因尚书令曾为李世民所任，其后避讳而不置，以仆射为尚书省长官，即为宰相。高宗时一度改称左右匡政，武则天时改称文昌左右相，唐中宗以后不加同中书门下三品、同中书门下平章事名目的尚书仆射，不再是宰相，而是虚职。玄宗开元时曾改称左右丞相。安史之乱后，仆射必加同平章事，始为宰相。

尚书仆射，吏部尚书及诸使等职仍兼任。这也是刘晏担任的最高职务，相当于副宰相。这样常衮又一次弄巧成拙。刘晏对常衮的意图本来有所察觉，但他不是一个贪功恋权之人，也不想与人争一时之短长。当然，他成功地躲过这一劫，是因为代宗皇帝对他的充分信任。大历十四年（779）五月，代宗皇帝驾崩，太子李适即位，为唐德宗，刘晏的厄运来了。

大历十四年（779）秋，长安周边地区阴雨连绵，大批农田被暴雨冲毁，京兆尹黎干上表奏称京师地区农田损毁严重，但时任户部判度支、主管西部地区财政的韩滉却说黎干所奏不实，因为韩滉主管西部地区的财政有报喜不报忧的习惯，想以此邀宠。德宗皇帝令御史朱敷调查，结果发现有地方官员瞒报灾情，借以讨好韩滉。韩滉因为弄权树党的行为被免去户部判度支一职。皇帝任命刘晏兼任判度支一职，并再加关内、河东、三川转运使及诸道青苗使。唐朝廷东、西两个地区的财政工作，全部都由刘晏一人来掌管，至此，刘晏成为唐朝中央政权主管财政工作的唯一最高行政长官。这一任命为他施展理财才能提供了更大的平台，也因为位高权重，为日后被奸相中伤、含冤而死埋下了伏笔。

由于刘晏任要职时间长了，朝廷中很多官员都是刘晏的门生。长江、淮河一带奇异的珍宝、美味的食物等，刘晏总能抢在各地进贡到京城之前买到。由此妒忌怨恨他的人更多了。刘晏礼贤下士，对各地有名望的人士没有不赠送答谢的，因此很多人都说刘晏的好话。这样一来朝中有人议论刘晏是在要弄权术以保持地位。大历年间沿用旧政，国家军队行政开支都靠刘晏的盐铁收入，各驻地节度使与刘晏的关系也较好，这也使刘晏受到了朝中其他官员的嫉妒。因为心底无私，对这些情况刘晏并不曾检点节制，因此也为他树了不少政敌。

奸相施招遭冤杀

李适登基后，决心重振朝纲，于是颁诏大赦天下，全面推行两税新法，使吏治焕然一新，朝野一片轰动。

李适当初能被立为太子，曾得到元载的鼎力支持，因此，他对元载十分感激。即位后，虽然元载已被先皇赐死，但元载的一些旧部下还在。李适对元载的部下、曾任吏部侍郎的括州刺史杨炎十分欣赏。于是采纳宰相崔祐甫的建议，任命杨炎为银青光禄大夫、门下侍郎、同中书门下平章

唐德宗李适

事，相当于副宰相的职务。杨炎帮助德宗皇帝施创“两税法”取得成功，很受德宗信任。杨炎虽然很有才气，但心胸狭窄，阴险狡猾，是个睚眦必报的小人。当初，

小贴士：两税法

“两税法”是唐德宗时期由宰相杨炎建议颁行的一种税法。是以原有的地税和户税为主，统一各项税收而制定的新税法。由于分夏、秋两季征收，所以称为“两税法”。安史之乱以后，土地兼并剧烈，赋税制度非常混乱。建中元年（780）正月，正式以敕诏公布两税法，即将征收谷物、布匹等实物为主的租庸调法改为征收金钱为主，一年两次征税。实质上就是以户税和地税来代替租庸调的新税制。两税法是对当时赋役制度较全面的改革，它以财产的多少为计税依据，不仅拓宽了征税的广度，增加了财政收入，在一定程度上减轻了广大贫苦人民的税收负担。“两税法”颁布以后，到建中年间，就有了1300多万的两税收益，比“两税法”以前唐王朝的财赋收入还要多出百万。这对于促进当时社会经济的恢复发展，起到了积极作用。但由于封建官吏又在两税定额之外巧立名目敲诈勒索，实际上后来“两税法”就实施不下去了。

杨炎任吏部侍郎，刘晏任吏部尚书，双方互不买账。刘晏负责审讯元载案件时，杨炎作为元党成员被牵连贬官，因此，他对刘晏怀恨在心。

建中元年（780），杨炎重新得到起用，任副宰相，掌握权力后，他一心想报复刘晏，为元载报仇。原先德宗做太子时，代宗皇帝宠爱独孤妃，因此也宠爱独孤氏的儿子韩王李迥。宦官刘清潭和代宗的亲信黎干曾请求立独孤妃为皇后，并说韩王李迥多次有吉兆，想废黜太子李适，立李迥为太子。杨炎掌权后，想到利用这件事来扳倒刘晏，于是他四处散布谣言说刘晏参与了废立太子之事的谋划。一次在朝堂上，杨炎流着眼泪对德宗提起这件往事："靠祖宗有灵，先皇和皇帝方未被奸臣离间，如果不是这样，刘晏、黎干危害国家的阴谋就得逞了。刘晏与黎干、刘忠翼一同谋划立独孤妃为后之事，臣为宰相不能讨，罪当万死。"这时，为人耿直的老臣、宰相崔祐甫站出来帮刘晏说话了："皇上已大赦天下，不该听信谗言，随便判人有罪。况且据我了解，这件事刘晏当时根本没有参与。"大臣朱泚、崔宁也都极力帮刘晏说话。崔宁曾是元载一派的人，按理他应该帮杨炎说话，但他想到刘晏在审理元载一案时确实秉公而断，还救了王缙一命。于是他站出来说：“刘晏已是四朝元老，为官数十年，为人正派，清廉寡欲，官声极佳，未闻有什么劣迹，请陛下明察。”杨炎看到连自己这边的崔宁都不支持他，大为恼怒，找了个机会，把崔宁贬出了京城。尽管这次陷害刘晏没有成功，但杨炎从德宗皇帝的脸色上看出他也对刘晏产生了不满。

一计不成，杨炎又想出一计。他吸取上次的教训，独自一人去太极殿拜见德宗皇帝，上奏道：“刘晏年事已高，应考虑减其负担，免其盐铁、转运、租庸等专使，还权于中书门下的户部等相关部门。同时免去刘晏的吏部尚书职务，另选他人，以体现陛下体恤老臣的仁爱之心。”这时宰相崔祐甫已去世，朝中支持刘晏的官员如朱泚等也大多数被杨炎调出去任职，帮刘晏说话的人少了。杨炎的一番宏论，引起了李适的共鸣，于是下旨免去刘晏的吏部尚书和盐铁使、转运使等职务。免去刘晏担任的一些实职，这只是杨炎诡计的第一步，他的目的是要致刘晏于死地。下一

杨炎像

步，杨炎招来御史大夫王诏，让他去查刘晏的账。尽管刘晏为官数十年，理财二十余年，清正廉洁，没有任何不清楚的地方。但王诏指使手下故意涂改刘晏的账目，然后以账簿多处被人涂改、簿物两不符为由，向德宗皇帝告状。李适本来就因前面刘晏参与废立太子的谣言对刘晏心存不满，于是准杨炎所奏，削去刘晏尚书仆射之职，贬为忠州刺史。

到了忠州后，尽管年事已高，又受人陷害遭贬，但一心爱民的刘晏仍无怨无悔地为老百姓办实事。针对忠州土匪较多的情况，他在忠州推行保甲联防制，带领百姓多次赶跑了入室抢夺的土匪，有效地保护了百姓的生命财产安全。但这也成为杨炎致刘晏于死地的一条罪状。建中元年（780）七月，杨炎一心要罗织刘晏的罪状，知道元载一派的司农卿庾准与刘晏有旧仇，于是，提名他担任荆南节度使，成为刘晏的上级。庾准公报私仇，多方罗织罪名，上奏报告皇帝，诬陷刘晏给朝中大臣朱泚写信，信中有很多不满的话，又私自招兵买马，训练军队，威胁传诏使者，想反叛。杨炎又里应外合，组织亲信作证，使刘晏的罪状得以成立。德宗皇帝于是下诏命令宦官处死刘晏。可怜忠君爱民的一代名臣含冤而死，死时只有六十五岁。死后十几天，朝廷才公开发布处死刘晏的诏书，宣布了刘晏谋反的罪状，刘晏的亲属被发配到岭南，朝中受到牵连的有几十人。奸相杨炎致死刘晏还不满足，他还提议没收刘晏的家产，太常卿韩滉是一个正直的人，他站出来阻拦，其他大臣也认为刘晏素来清廉，既已伏诛，不可赶尽杀绝，皇上应善待其家小。李适听从了众人的意见。然而杨炎早已提前命令官员清点了刘晏的家产。奸佞们基于他多年掌握朝廷财政大权，都猜测他有家财无数，但抄查的结果是：“唯杂书两乘，米麦数斛。”刘晏的全部家产只有各种书两车，粮食几斛，这反而证明他是朝廷中少有的一位清官。

荫子追诏慰忠魂

刘晏蒙冤被害的消息传出后，全国上下都认为他是被冤杀的，人们都佩服刘晏的清廉，纷纷为他含冤而死打抱不平。各地驻军在刘晏推行的财政体制改革中是得益者，他们最能体会到刘晏对国家做出的贡献。首先出来讲话的是各藩镇中最为强大的平卢淄青节度使李正己，他听说了刘晏的死讯后，十分震惊，立即上表德宗皇帝："惊闻忠州刺史刘晏赐死忠州，感慨万分。刘晏乃四朝元老，朝廷栋梁，主管中央财政二十余年，办漕运，改盐政，常平以理财，力挽狂澜，救唐廷于水火之中，其对大唐江山的贡献，功比天高。然当其年迈之时，先贬忠州，不加验实，先诛后诏，天下骇然……"与此同时，魏博节度使田悦、卢龙节度使朱泚等大臣也先后上奏德宗，问刘晏何罪之有，为何被处死。朝中大臣也议论纷纷，为刘晏抱不平。面对各地节度使的纷纷责难，奸相杨炎慌了神，因为唐后期的节度使坐拥一方军权，影响力很大。他知道节度使既然过问刘晏的死因，朝廷必须给他们一个合理的交代。他怕自己陷害刘晏的阴谋败露，于是便火速派自己的几个心腹分别去各路节度使的驻地慰劳，名义上是宣扬德宗皇帝的恩泽，慰劳各地驻军将士。实际上是去对刘晏的死因进行辩解，推卸责任。

平卢淄青节度使李正己接待了杨炎派来的特使卢东美，卢东美对他说："临出京时，杨相特地交代，叫我将刘晏的死因向李帅详做解释。杨相说，刘晏主要是过去附会奸邪，阴谋立独孤妃为皇后，废皇上当年东宫太子之位。皇上对这件事一直耿耿于怀，记恨在心想除掉刘晏。其实刘晏并无其他过错，杨相事先也不知道这件事。”杨炎这招是想推卸责任给皇帝，让节度使们不敢去深究刘晏的死因。可是，这次他却用了昏招。聪明的李正己立即又上了一表，向皇帝汇报这件事。德宗皇帝接报后，派太监去李正己驻地核实调查，发现了杨炎推卸责任给皇帝的阴谋。德宗十分气愤，从此对杨炎不再信任。后来找了个机会，免去了杨炎的丞相之职，将他调任尚书左仆射，这个职务与刘晏曾担任过的职务一样。接着又查实杨炎高价出售在东都洛阳的私宅，加上他儿子杨弘业有受贿贪赃、触犯禁律的事，于是下旨将杨炎贬为崖州司马，并派中使将他押送到崖州。就在押送途中，负责审查杨炎的官员又发现了杨炎曾在曲江建家庙，因为曲江那块地有王气，杨炎在上面建家庙有想当皇帝之嫌，唐代这一罪状是谋反之罪。于是德宗皇帝又下一道诏书，将杨炎和他的妻子一并赐死，杨炎死在了去海南岛的路上。这时，距离杨炎以谗言害死刘晏正好一年零三个月。

刘晏死后，经过几年内忧外患的困扰，德宗皇帝才真切体会到刘晏主管国家财政的重要性。特别是由于藩镇割据，运河漕运阻滞，京城缺粮之时，更是痛悔自己当初轻信杨炎之谗言，而下诏秘密处死能干的财臣刘晏，致使一代贤臣含冤而死。兴元元年（784），渐渐醒悟的德宗，为了表示悔意，下旨准许刘晏的亲属回来安葬刘晏。

发生在德宗贞元二年（786）的这件事，一定会让德宗李适想起刘晏的功劳而追悔不已。这年四月，身处皇宫的德宗皇帝像热锅上的蚂蚁——还是饿着肚子的。藩镇割据，致使南方漕粮不能运到京城，关中仓廪已空，朝野一片恐慌，禁军甚至放出话来，吃不上饭就要哗变，急得皇帝和太子相拥而泣。山穷水尽之际，皇帝接到奏报：镇海军节度使韩滉押运东南漕粮3万斛到了三门峡。皇帝欣喜若狂，竟然抛开仪仗，一溜烟跑到东宫对太子大呼：“米已至陕，吾父子得生矣……又遣中使谕

韩滉送军粮图（《西湖二集》）

神策六军，军士皆呼万岁。”也幸得韩滉的武装护送漕船，德宗的对藩镇战争才得以实行。可以说，是大运河延长了唐帝国的生命，当然还要感谢刘晏，是刘晏当初的漕运五策促成了安史之乱后运河漕运的恢复。史料记载，那一年新麦成熟后，有粮食可以酿酒，街头出现醉酒之人居然被当成祥瑞。

在刘晏被冤杀后的第九年，也就是贞元五年（789），德宗下旨任命刘晏的大儿子刘执经为太常博士、次子刘宗经为秘书郎。刘执经认为自己的父亲被冤杀，于是提出捐出官职，请求追赠父亲。德宗皇帝也觉得刘晏对国家财政功不可没，处死他确实不该，决定下诏追赠刘晏为郑州刺史，又加封为司徒。刘晏死后20年间，他的门生和部下，韩洄、元琇、裴腆、李衡、包佶、卢徵、李若初等相继执掌财权。这些人在刘晏身边工作多年，都是刘晏精心培养的财臣，他们以运河漕运和盐铁、常平之法生财的理财理念都充分体现了刘晏的理财观，如李若初为浙西观察诸道盐铁使，“纵钱以起万货”“持刚检下，吏民畏服”。元琇管理财政，“国无横敛而军旅济”。

刘晏是一代名臣，也是中国历史上著名的理财家、

刘晏塑像

经济改革家，刘晏上任后为扭转安史之乱以后出现的财政危机，采取了一系列的改革措施，整顿漕运，改革盐政，常平理财，增加了中央财政收入，为安史之乱后唐朝经济的发展和唐代后期经济恢复振兴做出了重大贡献。刘晏不但是能臣，而且是勤臣，史书记载，他每次上朝，骑在马上都用鞭子计算财政的情况。天一亮就开始办公，到半夜才休息。公事不论紧急与否，刘晏都是当天处理完，即使休假期间也不忘工作。刘晏还是一个清官，他所居住的地方十分朴素简陋，生活俭朴，家中没有小妾和婢女。为了恢复漕运，他多次在大运河上行走，路过自己的家乡——广济渠旁的曹州，一次都没有借公务的机会回家去看看。当时的诗人钱起曾就刘晏赴江淮整顿漕运过家门而不入的事情，写了一首诗，名叫《奉送刘相公江淮催转运》：

“国用资戎事，臣劳为主忧。将征任土贡，更发济川舟。拥传星还去，过池凤不留。唯高饮水节，稍浅别家愁。落叶淮边雨，孤山海上秋。遥知谢公兴，微月上江楼。”形象生动地颂扬了刘晏为国忘家的奉献精神。

后代对刘晏的评价极高，宋朝司马光评价刘晏：“初，安史之乱，数年间，天下户口什亡八九，州县多为藩镇所据，贡赋不入，朝廷府库耗竭，中国多故，戎狄每岁犯边，所在宿重兵，仰给县官，所费不赀，皆倚办于晏……晏有精力，多机智，变通有无，曲尽其妙……国家获利而天下无甚贵甚贱之忧……然惟晏能行之，他人效者终莫能逮……后来言财利者皆莫能及之。”完颜璟评价道：“理财安得如刘晏者，官用足而民不困，唐以来一人而已。”

刘晏是国家财政领域不可多得的天才，众多独特的理财理念即便放在今天依然发人深省。刘晏主要是利用商品经济增加财政收入。他熟悉商情，据《旧唐书·刘晏传》记载，在他看来，到处有增加收入的门路：“自言如见钱流地上。”又据《旧唐书·食货志四》记载，刘晏认为“因民所急而税之，则国足用”。盐是人们的急需之物，因此，他在盐价中巧妙征税，使盐利成为增加财政收入的重要项目。他全面掌握了商品的供销动向，政府获得了重大的利益，而市场波动则得到了稳定，这是真正高明的治理之术。特别是“民不加赋而国用饶”的理财做法，对我们今天的经济体制改革以及理清政府与市场的关系都有着重要的借鉴意义。刘晏是有史以来利用运河理财的第一人，尤其是对漕运的改革，使他成为运河复兴的功臣。大运河决定着唐帝国的兴衰与命运，刘晏通过整顿恢复漕运，充分发挥了大运河这一漕运通道的作用，重振了唐代后期的经济，成为唐代中兴的功臣，也成为运河重生的功臣。刘晏也因为以运理财成为与夫差、隋炀帝、郭守敬等齐名的重要运河人物之一。

参考文献

1.〔后晋〕刘昫著，赵莹编修：《旧唐书》，中华书局1975年版。

2.〔北宋〕宋祁、欧阳修、范镇、吕夏卿著：《新唐书》，中华书局1975年版。

3.〔元〕脱脱著：《金史》，中华书局1975年版。

4. 沈起炜著：《中国历代100名人传》，上海教育出版社1986年版。

5.〔唐〕郑处海著：《唐明皇杂录·神童刘晏》，中华书局1994年版。

6. 张鸿生著：《中国历代智囊人物丛书·刘晏》，解放军出版社1996年版。

7. 余耀华著：《大唐财相刘晏》，华文出版社2007年版。

8.〔清〕曹寅、彭定求等著：《全唐诗》，中华书局2008年版。

9. 余耀华著：《刘晏：大唐财相和他的国富论》，华文出版社2017年版。

10.〔宋〕王应麟著:《三字经》，南京大学出版社 2017 年版。

11.〔北宋〕司马光著:《资治通鉴》，中华书局 2019 年版。

12. 席振伟:《刘晏经济工作中的数学思想研究》，《自然科学史研究》1995 年第 2 期。

13. 吴丽娱:《试析刘晏理财的宫廷背景——兼论唐后期财政使职与宦官关系》，《中国史研究》2000 年第 1 期。

14. 吉成名:《论刘晏盐法改革》，《盐业史研究》2002 年第 4 期。

15. 许红缨、万海峰:《浅析刘晏的盐法改革》，《江西社会科学》2004 年第 5 期。

16. 武晓芬、屠强:《试论刘晏的经济思想与财政改革措施》，《云南财经大学学报》2006 年第 5 期。

17. 支强:《刘晏的盐法改革评析》，《法制与经济》2009 年第 7 期。

18. 马涛、周原:《唐中叶刘晏理财与两税法改革的再评价》，《上海财经大学学报》2014 年第 16 期。

19. 于翔:《经世致用传统中的人才思想及其当代启示——以刘晏、胡林翼为例》，《长白学刊》2015 年第 4 期。

20. 石俊志:《刘晏（下）》，《当代金融家》2016 年第 8 期。

本书图片由姜师立、潘娟、吴益群、刘奇斌、刘东华、王支援、朱明松、蒋永庆及南京中国科举博物馆、扬州市双博馆、广陵区文旅局等提供，谨致谢忱!